Modernes Einkaufsmanagement
Global Sourcing – Methodenkompetenz – Risikomanagement

Horst Hartmann

Modernes Einkaufsmanagement

Global Sourcing – Methodenkompetenz – Risikomanagement

Band 15
Praxisreihe Einkauf/Materialwirtschaft

Herausgegeben von
Prof. Dr. Horst Hartmann

3. überarbeitete und erweiterte Auflage

Deutscher Betriebswirte-Verlag GmbH, Gernsbach

Bibliografische Informationen der Deutschen Bibliothek

Die Deutsche Bibliothek verzeichnet diese Publikation in der Deutschen Nationalbibliografie; detaillierte bibliografische Daten sind im Internet unter http://www.ddb.de abrufbar.

© Deutscher Betriebswirte-Verlag GmbH, Gernsbach 2018
3. Auflage 2018
Umschlaggestaltung: Jörg Schumacher, Gaggenau
Druck: CBS - Canon Business Service, Erfurt
ISBN: 978-3-88640-208-3

Inhaltsverzeichnis

Inhaltsverzeichnis		5
Verzeichnis der Abbildungen		8
Verzeichnis der Abkürzungen		10
Verzeichnis der Checklisten		10
Verzeichnis der Beispiele		11
Vorwort		12
1.	Modernes Einkaufsmanagement: Grundlagen und Grundtatbestände	15
1.1	Der Wertbeitrag des Einkaufs	15
1.1.1	Der Lieferant als „externer Kunde"	22
1.1.2	Der Einkauf als Innovationstreiber – Initiativmanagement ist gefordert	23
1.2	Strategischer Einkauf als organisatorische Rahmenbedingung	29
1.2.1	Aufgaben des modernen Einkaufsmanagement im strategisch orientierten Einkauf	30
1.2.2	Aufgabenverteilung zwischen strategischem und operativem Einkauf	34
1.3	Der Einkauf als Partner der Entwicklung	39
1.4	Wertanalyse mit Lieferanten	44
1.4.1	Bedeutung und Verfahren der Wertanalyse	44
1.4.2	Einbindung von Lieferanten in das Wertanalyse-Team	46
1.5	Globalisierung des Einkaufs	50
1.5.1	Der Global Sourcing-Prozess	51
1.5.2	Die Gesamtkostenbetrachtung	55
1.5.3	Corporate Social Responsibility (CSR)	57
1.6	Der Prozess der Strategienbildung	57
1.6.1	Meilensteinplanung als methodische Vorgehensweise	60
1.6.2	Von der Potenzial- zur Abweichungsanalyse	61
1.6.3	Strategiefelder als Impulsauslöser	66
2.	Supply Chain Management: Partnerschaft nach innen und nach außen ist gefordert	68
2.1	Supply Chain Management als Konzept	68

2.2	Organisationsszenarien zur Überwindung der internen Schnittstellen	70
2.3	Supply Chain-orientiertes Rollenverständnis des Einkaufs	72
2.4	Schnittstellen durch funktions- und unternehmensübergreifende Teams zu Nahtstellen umfunktionieren	73
2.4.1	Grundprinzipien interner und externer partnerschaftlicher Zusammenarbeit	73
2.4.2	Optimierungspotenziale und Erfolgsfaktoren	74
2.5	Unternehmensübergreifende SCM-Projekte: Mindestanforderungen müssen erfüllt werden	76
3.	Methodenkompetenz macht Sinn	80
3.1	Eindimensionale Methoden	82
3.1.1	Die ABC-Analyse	85
3.1.2	Die XYZ-Analyse	88
3.2	Zweidimensionale Methoden	90
3.2.1	Kombinierte ABC- / XYZ-Analyse	90
3.2.2	Die Portfolio-Analyse	92
3.2.3	SWOT-Analyse	98
4.	Lieferantenkooperation und -entwicklung: Möglichkeiten erfolgreicher Zusammenarbeit	102
4.1	Lieferantenmanagement ist Beziehungsmanagement	102
4.2	Optimierung der Lieferantenanzahl	105
4.3	Lieferantenentwicklung: Absicherung des zukünftigen Lieferantenpotenzials	114
4.3.1	Strategienplanung auf der Basis klassifizierter Lieferanten	115
4.3.2	Maßnahmenplanung auf der Basis lieferantenbezogener Eigenoptimierung und Support-Maßnahmen	117
4.3.3	Entwicklungsprozess: Realisierung des Break-even-Points	121
5.	Risikomanagement: Risikoindikatoren und Schwellenwerte	124
5.1	Risikoidentifikation	126
5.1.1	Systematisierung der Risiken	126
5.1.2	Indikationen und Instrumente zur Früherkennung von Risiken	128
5.2	Risikoanalyse und -bewertung: Lieferanten-Risiko-Score	130

5.3	Risikohandhabung und Risikohandhabungsprozess	132
5.3.1	Risikohandhabungsstrategien	133
5.3.2	Sicherungsmöglichkeiten im Vorfeld einer Insolvenz	134
5.4	Risikoüberwachung	137
5.4.1	Ausgestaltung der Risikoüberwachung	137
5.4.2	Instrumente zur Risikoidentifikation und -überwachung	138
5.4.2.1	Technologie-Assessment	139
5.4.2.2	Lieferanten-Assessment	140
5.4.2.3	Lieferantenbesuche zwecks Früherkennung von Risikopotenzialen	141
5.4.2.4	Firmenauskunft der Creditreform	143
5.4.3	Jahresabschluss-Assessment: Kennzahlengesteuerte Bilanzanalyse im Überblick	145
5.4.3.1	Unternehmensbilanz und Gewinn- und Verlustrechnung	146
5.4.3.2	Ermittlung und Analyse von Bilanzkennzahlen	148
	5.4.3.2.1 Finanzkennzahlen	150
	5.4.3.2.2 Investitionskennzahlen	151
	5.4.3.2.3 Anlagenfinanzierung / -deckung	153
	5.4.3.2.4 Liquiditätskennzahlen	154
	5.4.3.2.5 Erfolgskennzahlen	156
	5.4.3.2.6 Kennzahlen zur Schuldentilgungsdauer	158
5.5	Fallstudie: Risikopotenzialanalyse auf der Basis von Bilanzkennzahlen – Früherkennung von Risikoindikatoren (Praxisbeispiel)	158
5.6	Nachhaltiges Risikomanagement	163
6.	Checklisten Asien Sourcing	165
6.1	Strategische Ausrichtung	165
6.2	Einkaufsbereich	166
6.3	Zusammenarbeit mit den Lieferanten	167
6.4	Vor der Anfrage abzuklären	168
6.5	Laufende Geschäftsbeziehung mit internationalen Lieferanten	169
6.6	Kaufverträge	169
Literaturverzeichnis		171
Stichwortverzeichnis		173

Verzeichnis der Abbildungen

Abbildung 1.1:	Anteil der Materialkosten – der zugekauften Wertschöpfung – am Umsatz im Zeitablauf	16
Abbildung 1.2:	Der Einkäufer motiviert den Lieferanten	24
Abbildung 1.3:	Aufgabenverteilung zwischen dem strategischen und operativen Einkauf sowie der Beschaffungslogistik (Praxisbeispiel)	36
Abbildung 1.4:	Wertschöpfender statt Vollziehender Einkauf	40
Abbildung 1.5:	Simultaneous Engineering: Synergieeffekte optimal nutzen	43
Abbildung 1.6:	Beispiel eines Wertanalyse-Teams unter Einbindung von Lieferanten	47
Abbildung 1.7:	Mögliches Einsparungspotenzial beim Bezug aus China	56
Abbildung 1.8:	Regelkreis der Strategieentwicklung	58
Abbildung 1.9:	Mögliche Meilensteine eines Strategieprojektes	60
Abbildung 2.1:	SCM als integrierter Bestandteil von end-to-end Business	69
Abbildung 2.2:	Vorgehensweise bei SCM-Projekten	75
Abbildung 2.3:	SCM 24 – das Prinzip (1)	79
Abbildung 2.4:	SCM 24 – das Prinzip (2)	79
Abbildung 3.1:	Eindimensionale Methoden im Überblick	82
Abbildung 3.2:	Der Ist-Zustand des strategischen Einkaufs – Bewertung auf der Basis einer Score-Card	84
Abbildung 3.3:	Ablauf einer ABC-Analyse	86
Abbildung 3.4:	Ergebnisse einer ABC-Analyse (Praxisbeispiel)	87
Abbildung 3.5:	Verteilung des Bestellvolumens (Praxisbeispiel)	88
Abbildung 3.6:	Mögliche Parameter für die XYZ-Analyse	90
Abbildung 3.7:	Einsatz der ABC- / XYZ-Analyse im strategischen Einkaufsmanagement	91
Abbildung 3.8:	Portfolio-Analyse im Finanzmanagement	92
Abbildung 3.9:	Produktportfolio	93
Abbildung 3.10:	Stärken-Schwächen-Analyse: Lieferantenbeziehungen als Beispiel (Optimierung des Lieferantenportfolios als Soll-Zustand)	99
Abbildung 3.11:	Matrix zur SWOT-Analyse	100

Abbildung 4.1:	Verteilung des Bestellvolumens nach Lieferantenkategorien (Praxisbeispiel)	107
Abbildung 4.2:	ABC-Verteilung aller Lieferanten nach Umsatzanteil / Bestellvolumen (Praxisbeispiel)	107
Abbildung 4.3:	Lieferantenpyramide	108
Abbildung 4.4:	Risiken bei einer Lieferantenkooperation	114
Abbildung 4.5:	Lieferantenentwicklung als Systemelement eines Lieferantenbeziehungsmanagement-Konzepts	114
Abbildung 4.6:	Art der Entwicklungsstrategien und -maßnahmen	119
Abbildung 4.7:	Entwicklungsprozess: Break-even-Point	123
Abbildung 5.1:	Systematisierung der Einzelrisiken	127
Abbildung 5.2:	Aufbau eines Frühwarnsystems	129
Abbildung 5.3:	Lieferanten-Artikel-Score (Risikoindex)	131
Abbildung 5.4:	Risikopolitik und Risikohandhabungsstrategien	133
Abbildung 5.5:	Firmenauskunft der Creditreform – Zusammensetzung des Bonitätsindex	144
Abbildung 5.6:	Grundstruktur einer Unternehmensbilanz	146
Abbildung 5.7:	Gewinn- und Verlustrechnung im Überblick	148

Verzeichnis der Abkürzungen

BME	Bundesverband Materialwirtschaft, Einkauf und Logistik
CBD	Coast Break Down
CSR	Corporate Social Responsibility
EDI	Electronic Data Interchange
ERP	Enterprise Resource Planning
FMEA	Fehler Möglichkeits- und Einfluss-Analyse
FoB	Free on Board
KMU	Kleine mittelständische Unternehmen
KVP	Kontinuierlicher Verbesserungsprozess
L / C	Letter of Credit
LB	Lieferantenbewertung
LBM	Lieferantenbeziehungsmanagement
LTT	LICOS Trucktec
MAA	Mittlere absolute Abweichung
MAD	Medium absolute Deviation
QM	Qualitätsmanagement
RMS	Risikomanagementsystem
RoI	Return on Investment
SAK	Strategische Anforderungskriterien
SCM	Supply Chain Management
SE	Simultaneous Engineering
SRM	Supplier Relationship Management
SWOT	Strength Weaknesses Opportunities Threats (Stärken Schwächen Chancen Risiken)
QSV	Qualitätssicherungsvereinbarung
TOCO	Total Cost of Ownership
TTM	Time-to-Market
VDI	Verein Deutscher Ingenieure
VMI	Vendor Managed Inventory

Verzeichnis der Checklisten

Checkliste 5.1:	Prüffragen zum Management und zur Organisation	142
Checkliste 5.2:	Prüffragen zur Marktstellung und zum wirtschaftlichen Umfeld	142
Checkliste 5.3:	Prüffragen zur Finanzkraft und wirtschaftlichen Situationen	143

Verzeichnis der Beispiele

Beispiel 1.1:	Der Einfluss von Materialkosteneinsparungen auf die Umsatzrentabilität	17
Beispiel 1.2:	Der Gewinn- bzw. monetäre Wertbeitrag des Einkaufs, gemessen an einer vergleichbaren Umsatzsteigerung – ein Zahlenbeispiel	18
Beispiel 1.3:	Auswirkungen einer Bestandsreduzierung auf die Gesamtkapitalrentabilität (RoI)	20
Beispiel 1.4:	Cost-Saving Program der Eppendorf Instrumente GmbH	27
Beispiel 1.5:	Aufgabenverteilung zwischen strategischem und operativem Einkauf (Praxisbeispiel)	35
Beispiel 1.6:	Aufgaben und Ziele des strategischen und operativen Einkaufs in einem als Dienstleister fungierenden Unternehmen (Praxisbeispiel)	37
Beispiel 1.7:	Verändertes Rollenverständnis: Der Einkäufer als Einkäufer von Funktionen	45
Beispiel 1.8:	Projektorientiertes strategisches Lieferantencontrolling im Rahmen eines Wertanalyse-Projektes mit Lieferanten (Praxisbeispiel)	47
Beispiel 1.9:	Erfolgreiche Erschließung eines internationalen Beschaffungsmarktes (Praxisbeispiel)	53
Beispiel 2.1:	Supply Chain Management – ein internetbasiertes Praxisbeispiel	77
Beispiel 3.1:	Reduzierung der Einzelbestellungen (Praxisbeispiel)	88
Beispiel 4.1:	Reduzierung der Lieferantenanzahl – Praxisbeispiel einer Datenauswertung	106
Beispiel 4.2:	Abgestufter Lieferantenqualifizierungsprozess (Praxisbeispiel)	109
Beispiel 4.3:	Strategien und Maßnahmen der Lieferantenentwicklung (Praxisbeispiel)	120
Beispiel 5.1:	Das Insolvenzverfahren	136
Beispiel 5.2:	Kontinuierliche Bewertung der Lieferleistung – Sicherstellung der Versorgung (Praxisbeispiel)	140

Vorwort zur dritten Auflage

Auch in Zeiten, als die Beschaffung noch einfacher, die Märkte noch nicht globalisiert und die Aufgaben überschaubar waren, haben die Einkäufer/-innen die Geschäftsbeziehungen mit ihren Lieferanten und Dienstleistern im Interesse des eigenen Unternehmens erfolgreich gestaltet. Doch in den zurückliegenden Jahren sind die Rahmenbedingungen vielschichtiger und umfassender geworden. Internationalisierung, Wettbewerb, Arbeitsteilung und Ertragszwang verlangen im Sinne von Supplier Relationship Management (SRM) zunehmend ein systematisches, kommunikatives und nachhaltiges Management der Lieferantenbeziehungen.

Die Aufgaben im Einkauf haben daher einen hohen Stellenwert erhalten. Es geht nicht nur darum, etwas liefern oder leisten zu lassen und erfolgreich Preisverhandlungen zu führen. Vielmehr ist der moderne Einkauf gefordert, außerhalb seines eigentlichen Tagesgeschäftes innovative Ideen und Vorschläge zur Veränderung von Strukturen, Systemen, Prozessen, Methoden oder Verhaltensweisen einzubringen. Auch im digitalisierten Zeitalter reicht die Beherrschung des E-Business nicht aus, um neue Wege zu gehen und alternative Lösungen anzustreben. Wesentlich ist dabei, mit Lieferantenpartnern in einen konstruktiven Dialog zu treten.

Die in die vorliegende dritte Auflage von Band 15 der Praxisreihe „Einkauf und Materialwirtschaft" aufgenommenen Beispiele aus der Einkaufspraxis illustrieren, wie sich der Mehrwert eines Unternehmens durch die Erschließung von Kosten-, Qualitäts- und Flexibilitätsvorteilen über die Reduzierung von Risiken bis zur Erschließung neuer Märkte steigern lässt. Dabei ist eine strukturierte und systematische Vorgehensweise ebenso unverzichtbar wie eine interdisziplinäre und unternehmensübergreifende Teamarbeit.

Der Autor hofft, dass auch die überarbeitete und in einigen Abschnitten wesentlich ergänzte Neuauflage von den Lesern/-innen positiv aufgenommen wird. Insbesondere erschien es sinnvoll, die Ausführungen zu den Themenbereichen „effiziente Einkaufsprozesse (Industrie 4.0)", „Innovationsmanagement", „Strategiebildung" und „Risikomanagement" zu erweitern.

Horst Hartmann
Im Frühjahr 2018

Vorwort zur zweiten Auflage

Trotz der immer stärker werdenden Bedeutung des Einkaufs als Stellhebel zur aktiven Beeinflussung der Ausgaben und der Materialverfügbarkeit haben Unternehmen hier teilweise noch Nachholbedarf. Um alle Potenziale ausschöpfen zu können, ist es erforderlich, dass auch das Management die unternehmerische Bedeutung des Einkaufs erkennt und anerkennt. Der Verfasser behandelt daher in dem vorliegenden Band 15 der Praxisreihe „Einkauf / Materialwirtschaft" in erster Linie Themen, die als Kernaufgaben des strategisch ausgerichteten Einkaufs anzusehen sind.

Der Einkauf hat die Möglichkeit, sich intern wie extern als starker Partner zu beweisen. Gefordert sind globale und strategische Ausrichtung, professionelles und risikoorientiertes Lieferantenmanagement sowie innovatives funktions- und unternehmensübergreifendes Denken und Handeln.

Die vorliegende 2. Auflage erscheint in durchgängig überarbeiteter Fassung. Die Abbildungen und Beispiele wurden aktualisiert, inhaltliche Ergänzungen vor allem zum Innovationspartnering und zum Strategiebildungsprozess wurden wesentlich erweitert. Die Themenbereiche zum „monetären und nicht-monetären Wertbeitrag des Einkaufs", zur „Wertanalyse mit Lieferanten" sowie zur „SWOT-Analyse" wurden neu aufgenommen. Auf theoretisches Rankenwerk wurde bewusst verzichtet.

Für die Einkaufspraxis ist es wertvoll, wenn routinemäßiges Denken und Handeln durch kreative Ideen und fundierte Vorschläge in Frage gestellt werden. Der Verfasser hofft, dass dazu die Ausführungen Anregungen enthalten, die – ob als Einkaufsprofi oder Jungeinkäufer tätig – erfolgversprechend umgesetzt werden können. Für Studierende mit Schwerpunkt Einkauf / Logistik bietet das Buch einen kompakten Überblick über die wesentlichen Facetten eines professionell ausgerichteten Einkaufsmanagement.

Horst Hartmann
Im Frühjahr 2014

Vorwort

Das Rollenverständnis des Einkaufs hat sich dramatisch verändert. Auf die Neugestaltung der Prozesse und Strukturen wirken moderne Konzepte wie Supply Chain Management und Innovationspartnerschaften sowie zukunftsweisende B&B-Lösungen ein.

Modernes Einkaufsmanagement ist bestrebt, den neuzeitlichen Herausforderungen konsequent zu begegnen. Organisatorisch findet dieses Konzept im strategischen Einkauf seine strukturierende Ausprägung. Professionelle Vorbereitung, zielorientierte Ausrichtung, ganzheitliche Betrachtungsweise sowie funktions- und unternehmensübergreifende Zusammenarbeit mit internen und externen Partnern bestimmen das Anforderungsprofil an die Mitarbeiter/-innen.

In dem vorliegenden Buch hat der Verfasser daher bewusst darauf verzichtet, Verfahren und Instrumente darzustellen, die im Einkauf seit Jahrzehnten praktiziert werden. Unter dem derzeitigen Kosten- und Wettbewerbsdruck ist die Globalisierung des Einkaufs, das Auffinden der weltweit günstigsten Bezugsquellen nahezu die einzige Chance, sich mit den eigenen Produkten am Markt zu behaupten. Die mit einer Global Sourcing-Strategie verbundenen Chancen und Risiken werden daher ebenso ausführlich behandelt wie die Aspekte einer zielführenden Lieferantenentwicklung und eines logisch-stringenten Regelkreises der Strategiebildung.

Die eigenen Erfahrungen zeigen, dass zur Risikoeinschätzung zunehmend auf Bilanzkennzahlen zurückgegriffen wird. Diesem Trend entspricht der in dieser Veröffentlichung für die Einkaufspraxis strukturierte Lösungsansatz, der nach dem Motto erarbeitet wurde: Keep it simple! Eine Fallstudie veranschaulicht die Notwendigkeit, Insolvenzrisiken möglichst frühzeitig zu erkennen.

Die Ausführungen können sowohl zur kritischen Überprüfung der Ist-Situation im eigenen Unternehmen herangezogen werden als auch zur zielführenden Entwicklung beitragen. Zahllose Beispiele und Checklisten vor allem zum Global Sourcing-Prozess erleichtern die Orientierung. Der aufmerksame Leser, ob Einkaufsprofi oder Jungeinkäufer, wird in jedem Fall auf Wissenswertes stoßen. Die praxisgerechten Ausführungen dürften auch eine sinnvolle Ergänzung zum wissenschaftlichen Studium mit dem Schwerpunkt in Einkauf und Logistik darstellen.

Horst Hartmann
Im Sommer 2007

1. Modernes Einkaufsmanagement: Grundlagen und Grundtatbestände

1.1 Der Wertbeitrag des Einkaufs

Modernes Einkaufsmanagement verlangt einen „neuen Einkäufer-Typus", der nicht mehr geprägt ist von dem herkömmlichen Image eines Bestellabwicklers. Die Denkstrukturen, Verhaltensweisen und Verhandlungsstrategien der Einkäufer sind aufgrund der Globalisierung der Märkte und des damit verbundenen Wettbewerbs- und Kostendrucks sowie des ständig gewachsenen Anteils zugekaufter Wertschöpfung am Umsatz (vgl. Abbildung 1.1) einem massiven Veränderungsprozess unterworfen. Es stellt sich daher zu Recht die Frage, ob und inwieweit die Mitarbeiter/-innen jeweils dazu bereit und uneingeschränkt in der Lage sind, diesem Wandel zu folgen, ihn mitzugestalten und zu forcieren. Die Umfirmierung einer Einkaufsabteilung muss wirkungslos bleiben, wenn Organisations- und Personalentwicklung nicht aufeinander abgestimmt sind.

Für den Einkauf bedeutet das, die Zusammenarbeit mit Lieferanten auf allen Ebenen im Unternehmen gleichgewichtig zu steuern. Dies sollte die zentrale Aufgabe eines auf Wertschöpfungsmanagement fokussierten Einkaufs im Unternehmen sein.[1] Denn es ist nicht zu bestreiten, dass Unternehmen einen hohen Nutzen in ihrer Zusammenarbeit mit innovationsorientierten Lieferanten haben.

Unternehmenspolitisch sollte erkannt werden, dass der Einkauf den Markterfolg durch seinen monetären und nicht-monetären Wertbeitrag mitgestalten kann, wenn die dazu erforderlichen personellen, sachlichen und finanziellen Ressourcen zur Verfügung stehen. Innovatives Partnering mit leistungsfähigen Lieferanten sowie gezieltes Kosten- und Qualitätsmanagement bieten dem Einkauf weitreichende Möglichkeiten, um den monetären Markterfolg des eigenen Unternehmens zu beeinflussen.

Während sich der nicht-monetäre Wertbeitrag beispielsweise in einer verbesserten Lieferleistung niederschlagen und damit zu einer Verkürzung der Durchlauf- und Lieferzeiten führen kann, schlägt sich der monetäre Wertbeitrag unmittelbar in den Zahlen der Gewinn- und Verlustrechnung sowie in entsprechenden Bilanzkennzahlen nieder.

---

[1] Siehe Andreas Stollenwerk, Wertschöpfungsmanagement im Einkauf: Analyse – Strategien – Methoden – Kennzahlen, Wiesbaden 2012, S. 11.

> Es sollte nicht verkannt werden, dass das Marketing in seinen Verkaufsaktivitäten durch den vom Einkauf erzielten nicht-monetären Wertbeitrag unterstützt werden kann, indem „der Kunde und nicht die Ware wieder kommt".

Im Rahmen des zu leistenden monetären Wertbeitrags geht es darum, Kosten zu verringern und / oder zu verhindern. Dabei kann es sich um Kosten für zuzukaufendes Produktionsmaterial, für Dienstleistungen[2] und für Investitionsgüter sowie – im Sinne der Total Cost of Ownership-betrachtung – um Logistik- und Prozesskosten handeln. Beispiele dafür sind Bestands-, Qualitäts- und Reklamationskosten sowie Kosten für die Lieferantenentwicklung, die im bestimmten Umfang von vornherein vermieden bzw. im Nachhinein verringert werden könnten. Wenn man davon ausgehen kann, dass – wie aus Abbildung 1.1 ersichtlich – die Materialintensität, d. h. der Anteil der zugekauften Wertschöpfung am Umsatz in der verarbeitenden Industrie bei über 60 % liegt, so steht außer Frage, dass der Einkauf den Fokus auf diesen Kostenblock richten muss, um den Markterfolg des eigenen Unternehmens nicht zu gefährden.

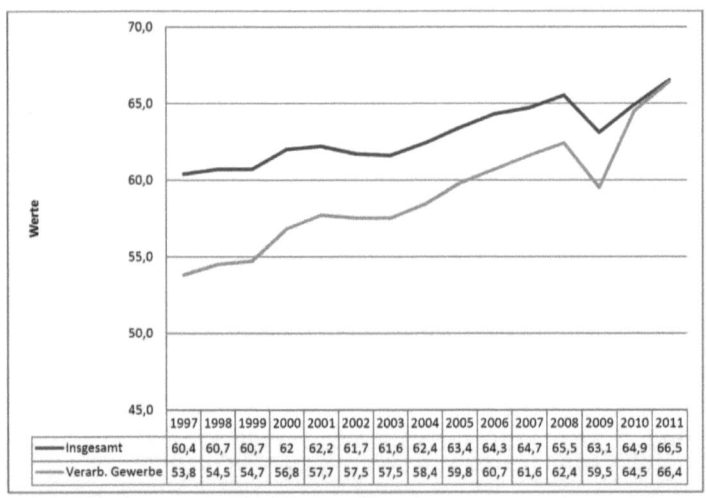

Abbildung 1.1: Anteil der Materialkosten – der zugekauften Wertschöpfung – am Umsatz im Zeitablauf[3]

2) Siehe im Einzelnen Georg Sorge, Einkauf von Dienstleistungen – Potenziale ausschöpfen – Prozesse optimieren, Gernsbach 2012.
3) Deutsche Bundesbank Eurosystem: „Verhältniszahlen aus Jahresabschlüssen deutscher Unternehmen von 2010 bis 2011 – vorläufig", Frankfurt am Main, Mai 2013 – In der amtlichen Statistik wird als Bezugsgröße stets die Gesamtleistung angeführt, die zusätzlich zum Umsatz vor allem auch die in dem Berichtszeitraum eingetretenen Bestandsveränderungen berücksichtigt. Die Abweichungen der Gesamtleistung vom Umsatz sind – statistisch gesehen – unerheblich.

In der Umsatzrentabilität (UR) sehen Unternehmen in der Regel eine wichtige Kennzahl zur Erfolgsmessung ihrer geschäftlichen Aktivitäten. Es stellt sich die Frage, wie sich diese Kennzahl verändert, wenn der Einkauf die Materialkosten als Gewinnhebel erfolgreich einsetzen kann. Das nachfolgende allgemeine Beispiel illustriert den Effekt.

Beispiel 1.1: Der Einfluss von Materialkosteneinsparungen auf die Umsatzrentabilität

Da aufgrund des harten Wettbewerbs auf dem Absatzmarkt das „Geld" beim Einkaufen verdient werden muss, geht die Geschäftsleitung Ihres Unternehmens davon aus, dass der Einkauf „unter dem Strich" die Materialkosten um 3 % senken kann.

Welche Auswirkungen hat diese Zielsetzung auf die Umsatzrentabilität, wenn laut Unternehmenscontrolling folgende Geschäftszahlen gegeben sind:

$$UR = \frac{Gewinn}{Umsatz} \cdot 100 = 4\,\%$$

$$MA = \frac{Materialanteil}{Umsatz} \cdot 100 = 60\,\%$$

Rechnung:

Materialkostenreduzierung: $\frac{60 \cdot 3}{100} = 1,8\,\%$

Entwicklung der Umsatzrentabilität: (4 % + 1,8 %) = <u>5,8 %</u>

Ergebnis:
Ausgehend von den angenommenen Daten erhöht sich die Umsatzrentabilität von 4 % auf 5,8 %, also um 45 %!

Anders formuliert:

> Eine 1 %ige Materialkosteneinsparung führt bei dieser Datenkonstellation zu einer 15 %igen Steigerung der Umsatzrentabilität! Der monetäre Wertbeitrag fällt entsprechend ins Gewicht.

Da insbesondere in mittelständischen Unternehmen die wertschöpfende Rolle des Einkaufs nach wie vor unterschätzt wird, ist dieser gefordert, sich durch die Präsentation von Hard Facts Akzeptanz und hierarchische Gleichstellung mit dem Verkauf / Marketing und der Produktion zu verschaffen. Neben den bereits aufgezeigten Auswirkungen von Materialkosteneinsparungen auf die Umsatzrentabilität ist die „Gewinnformel" geeignet, die Rolle des Einkaufs aus einem objektiven Blickwinkel zu sehen. Die „Gewinnformel" lautet:

$$GB_E = \frac{MA \cdot ME}{UR}$$

Dabei bedeutet:

GB_E : Gewinnbeitrag des Einkaufs, ausgewiesen in vergleichbarer Umsatzsteigerungsrate
MA: Materialaufwand in % vom Umsatz
ME: Einsparung der Materialkosten in %
UR: Umsatzrentabilität

Beispiel 1.2: Der Gewinn- bzw. monetäre Wertbeitrag des Einkaufs, gemessen an einer vergleichbaren Umsatzsteigerung – ein Zahlenbeispiel

Sofern die Zahlen des Beispiels 1.1 in die Formel eingesetzt werden, ergibt sich folgende Rechnung:

- $$GB_E = \frac{60 \cdot 3}{4} = \underline{45\ \%!}$$

Ergebnis:
Der Verkauf müsste den Umsatz um 45 % steigern, um den gleichen Gewinn- bzw. monetären Wertbeitrag zu erzielen, den der Einkauf durch eine 3 %ige Reduzierung der Materialkosten erreicht, eine in den meisten Fällen mit Sicherheit unrealistische Zielsetzung.

Neben den Materialkosten ist in der Materialverfügbarkeit, d. h. in der Höhe der Bestände (Vorräte) ein weiterer Stellhebel des Einkaufs zur Beeinflussung des Geschäftsergebnisses zu sehen. So führt eine Reduzierung des in den Vorräten gebundenen Kapitals zu

– einer Verringerung der Bestandskosten (Zinsaufwand + kalkulatorische Beständewagnisse) und damit zu einer Verbesserung der Umsatzrentabilität[4] sowie
– eine Erhöhung des Kapitalumschlags.

Aufgrund dieser doppelten Hebelwirkung kann eine Bestandsreduzierung die Gesamtkapitalrentabilität – den Return on Investment (RoI) – eines Unternehmens nachhaltig beeinflussen. Diese Kennzahl ist wie folgt definiert:

- RoI = Umsatzrentabilität • Kapitalumschlag

$$= \frac{\text{Gewinn} \cdot 100}{\text{Umsatz}} \cdot \frac{\text{Umsatz}}{\text{Gesamtkapital}}$$

(Gesamtkapital = Gesamtvermögen = Bilanzsumme)

Das nachfolgende Beispiel 1.3 soll diesen Zusammenhang erläutern:[5]

---

[4] In der verarbeitenden Industrie sind die Vorräte in der Regel kurzfristig fremdfinanziert, so dass sich bei einer Verringerung der Vorräte der durch diese verursachte Zinsaufwand entsprechend verringert, was zwangsläufig zu einer Verbesserung des Geschäftsergebnisses führt. – Es ist davon auszugehen, dass im Regelfall die durch die Bestandsreduzierung freigesetzte Liquidität zur Rückführung der Bankverbindlichkeiten verwendet wird, also kein Aktivtausch stattfindet.
[5] Siehe im Einzelnen vom Verf., Bestandsmanagement und -controlling – Optimierungsstrategien mit Beispielen aus der Praxis, 3. Auflage, Gernsbach 2016, S. 20 ff.

Beispiel 1.3: Auswirkungen einer Bestandsreduzierung auf die Gesamtkapitalrentabilität (RoI)

Es sind folgende Daten gegeben:

$$- \text{RoI} = \frac{6 \text{ Mio. EUR}}{120 \text{ Mio. EUR}} \cdot 100 \cdot \frac{120 \text{ Mio. EUR}}{100 \text{ Mio. EUR}}$$

$$= 5\% \cdot 1{,}2$$

$$= \underline{6\%}$$

Geplant ist eine Bestandsreduzierung um 20 %. Als Bestandskosten werden 15 % zugrunde gelegt.[6]

Die Gesamtkapitalrentabilität ermittelt sich sodann wie folgt:

<u>Rechnung:</u>

$$- \text{RoI}_{\text{Plan}} = \frac{6 \text{ Mio. EUR} + 0{,}45 \text{ Mio. EUR}}{120 \text{ Mio. EUR}} \cdot 100 \cdot \frac{120 \text{ Mio. EUR}}{100 \text{ Mio. EUR} - 6 \text{ Mio. EUR}}$$

$$= \frac{6{,}45 \text{ Mio. EUR}}{120 \text{ Mio. EUR}} \cdot 100 \cdot \frac{120 \text{ Mio. EUR}}{94 \text{ Mio. EUR}}$$

$$= 5{,}4\% \cdot 1{,}3$$

$$= \underline{6{,}88\%}$$

(Die Reduzierung führt zu einer Verringerung des Gesamtkapitals bzw. der Bilanzsumme um 6 Mio. EUR und damit zu einer Einsparung der Bestandskosten in Höhe von 6 Mio. EUR • 15 % / 2 Mio. EUR = 0,45 Mio. EUR, was eine entsprechende Erhöhung des Gewinns und damit auch der Umsatzrentabilität auslöst.)

---

[6] Die Höhe der Bestandskosten ist direkt abhängig von der Höhe der Bestände, variiert also mit den Veränderungen des Bestandsniveaus. Bei den Bestandskosten handelt es sich somit um die variablen Lagerhaltungskosten, während die Kosten für Lagerraum, -inventar und -verwaltung fix sind (sogenannte Lagerkosten).

Ergebnis:
Das Ergebnis entspricht einer Steigerung der Gesamtkapitalrentabilität um etwa 15 %! Dieser Effekt ist im Wesentlichen darauf zurückzuführen, dass der Einkauf die Möglichkeit ausschöpft, die Vorräte als Stellhebel zur aktiven Beeinflussung des Kapitalumschlags zu nutzen. Bei der Berechnung ist sinnvollerweise davon auszugehen, dass der geplante Abbau in Höhe von 20 %, bezogen auf die Vorräte in Höhe von 30 Mio. EUR, sich nicht sofort vollzieht, sondern, wie in diesem Beispiel angenommen – kontinuierlich erfolgt, so dass mit einem durchschnittlichen Lagerbestandsabbau in der Größenordnung von 3 Mio. EUR gerechnet werden sollte.

Schlussfolgerung:
Wie die Beispiele 1.1 bis 1.3 zeigen, spiegelt sich in den Zahlen des Geschäftsberichtes – der Bilanz und der Gewinn- und Verlustrechnung – sowie den daraus abgeleiteten Kennzahlen wider, ob und inwieweit der Einkauf seiner unternehmerischen Verantwortung als wertschöpfender Einkauf gerecht werden konnte. Grundsätzlich haben die Mitarbeiter/-innen durchaus die Möglichkeit, sich intern und extern als starke Partner zu beweisen, wenn die notwendigen Rahmenbedingungen gegeben sind und sie sich in erster Linie verstehen als

- Marketingstratege, d. h. als Kenner seiner Märkte und Vormärkte (One Man, One Market)
- Innovationspartner nach innen und nach außen
- Supply Chain Manager / Prozessmanager
- Lieferantenpartner
- Verhandlungsstratege / Preisanalytiker
- Global Player
- Moderator in Einkaufs- und SCM-Teams
- Vertrauensperson (mit persönlicher und sozialer Kompetenz)
- Problemlöser

Der moderne Einkäufer besitzt Fach-, Technologie-, Methoden-, Organisations- und Sozialkompetenz. Insbesondere in der Funktion als Schnittstellenmanager zu anderen Abteilungen sind Kontakt- und Konfliktfähigkeit wesentliche Facetten der Sozialkompetenz. Sie sind von hoher Bedeutung, denn anhand der Konfliktfähigkeit lässt sich prognostizieren, wie gut jemand in der Lage ist, Netzwerke zu knüpfen und seine Kontakte stärker auszunutzen.[7]

---

7) Siehe Gerd Kerkhoff / Stephan Penning, Personal im Einkauf – Der strategische Faktor Personal im Einkauf, Weinheim 2010, S. 63.

Der Einkäufer ist als Manager stets

- kompetent
- aktiv und in bestimmten Situationen proaktiv
- kreativ
- kooperativ
- kommunikativ
- konstruktiv
- konsequent / zielorientiert
- kollegial nach innen und nach außen.

Grundsätzlich gilt:

> Globales und strategisch orientiertes Denken und Handeln erfordert eine ganzheitliche Betrachtungsweise. Nicht-monetäre Erfolgsfaktoren wie Qualität und Flexibilität können – wenn sie nicht hinreichend beachtet werden – den erzielten monetären Wertbeitrag zunichtemachen!

1.1.1 Der Lieferant als „externer Kunde"

Auch die Lieferanten sind in Umkehrung der Kunden-Lieferantenbeziehungen als „externe Kunden" zu betrachten, denen gegenüber der Einkauf als „Lieferant" fungiert.

> Wenn Kooperationen mit Lieferanten nicht ins Leere führen sollen, muss der Einkäufer nicht nur souverän verhandeln können, sondern die Bedürfnisse und Erwartungen seiner (potenziellen) Lieferantenpartner kennen und in sein Kalkül einbeziehen.

Damit setzt die Umsetzung des Reverse Kunden-Lieferantenbeziehungsprinzips unter anderem die Antwort auf folgende Fragestellungen voraus:

→ Welche Informationen werden zu welchem Zeitpunkt von welchen Mitarbeiter/-innen des Lieferanten oder Dienstleisters benötigt?

→ In welchen Situationen (z. B. bei Volumensteigerungen) und mit welchem zeitlichen Vorlauf erwartet der Lieferant einen konkreten Hinweis?

→ Sollte der Lieferant beim Auftreten von Problemen im eigenen Unternehmen (z. B. bei Produktionsstörungen) unmittelbar informiert werden?

→ Legt der Lieferant Wert auf regelmäßig stattfindende Gesprächstermine (z. B. zweimal jährlich) zur gemeinsamen Pfadfindung für die zukünftige partnerschaftliche Zusammenarbeit, unabhängig von aktuellen Problemen?

→ Welche Bedürfnisse (z. B. Beratung, Schulung) liegen lieferantenseitig vor und sind (bislang) nicht beachtet worden?

Es ist klar erkennbar, dass im Rahmen eines modernen Einkaufsmanagement-Konzepts die Mitarbeiter/-innen gefordert sind,

- zu kommunizieren
- zu informieren
- zu eruieren
- zu kritisieren (konstruktiv)
- zu initiieren

Auf diese Weise kann der Einkauf dazu beitragen, dass sich der Lieferant nicht als Lückenbüßer, sondern als ernst zu nehmender Kooperations- und Innovationspartner betrachtet. Letztendlich ist zu erwarten, dass der Lieferant seinerseits mit wachsendem Zufriedenheitsgrad im Interesse beider Unternehmen die Partnerschaft konstruktiv und erfolgsorientiert mitgestaltet.

In diesem Zusammenhang ist herauszustellen, dass Lieferantenmanagement im Sinne von SRM in erster Linie als Beziehungsmanagement zu verstehen ist.[8] Persönliche Beziehungen bleiben auch zukünftig von hoher Bedeutung. Technologien ersetzen keine persönlichen Beziehungen. So vereinfacht die Digitalisierung zwar die Kommunikation, verbessert diese aber nicht zwangsläufig.

1.1.2 Der Einkauf als Innovationstreiber – Initiativmanagement ist gefordert

Es ist nicht auszuschließen, dass der Einkauf vor allem in mittelständischen Unternehmen nach wie vor eine eher passive Rolle spielt, indem er auf anstehende Probleme reagiert, statt interne und externe Entwicklungen vorwegzunehmen. Insofern verwundert es nicht, wenn es dem Einkauf nur schwerlich gelingt, die Ergebnisse seiner Aktivitäten positiv darzustellen und zu verkaufen.

---

8) Siehe auch die Ausführungen unter Ziffer 4.1.

> Initiativmanagement bietet dem Einkauf die Chance, sich durch innovative Ideen und Vorschläge – intern und extern – zu profilieren.

In Umkehrung zur klassischen Marketingfunktion des Verkäufers / Lieferanten ergreift im Rahmen des Reverse Marketing-Konzepts der Einkäufer die Initiative und motiviert den Lieferanten (Abbildung 1.2).

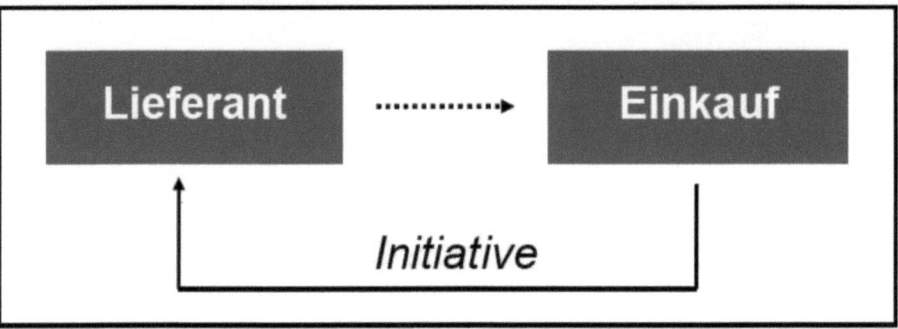

Abbildung 1.2: Der Einkäufer motiviert den Lieferanten

Ohne Zweifel kann der Einkäufer in diese Rolle nur schlüpfen, wenn die internen und / oder externen Rahmenbedingungen ihm den Handlungsspielraum nicht versperren und er selbst als kompetenter und kooperativer Gesprächspartner auftritt und anerkannt wird. Da er in bestimmten Situationen in Wettbewerb zur eigenen Entwicklung und / oder Produktion tritt, ist eine enge Zusammenarbeit und Abstimmung mit den betreffenden unternehmensinternen Funktionen zwingend erforderlich.

Initiativmanagement ist als integraler Bestandteil eines modernen Einkaufsmanagements anzusehen und läuft letztendlich darauf hinaus, den Lieferanten zur Kreativität und zu alternativen Lösungsvorschlägen anzuregen, um noch „schlummernde" Einsparungspotenziale auszuschöpfen. In diesem Zusammenhang kann der Einkauf u. a. die nachstehend aufgelisteten Fragen aufwerfen und evtl. Projekte und gemeinsame Wertanalysemaßnahmen initiieren:

→ Ist der Einsatz alternativer Technologie und / oder Fertigungsverfahren zu verwirklichen?
→ Können Rohstoffe etc. durch alternative Werkstoffe kostengünstig substituiert werden?

- → Sind die Voraussetzungen zur Modularisierung, d. h. der Entwicklung vom Teile- zum Modullieferanten gegeben?
- → Ist die Bereitschaft zur Optimierung des Lieferantenportfolios vorhanden?
- → Inwieweit werden im Sinne von KVP Kostensenkungsprogramme und wertanalytische Untersuchungen gemeinsam mit Lieferanten durchgeführt?
- → Lassen sich Ansatzpunkte zur „Verschlankung" der Prozesskette erkennen?
- → Kann die Modernisierung des internen und / oder externen Kommunikationsnetzwerkes vorangetrieben werden?
- → Kann ein Projekt zur Veränderung der Strukturen und Abläufe im Einkauf mit dem Ziel initiiert werden, den Handlungsspielraum für die Wahrnehmung strategischer Aufgaben zu erweitern?

Allerdings sollte nicht verkannt werden, dass Veränderungen Unsicherheit und Ängste provozieren, vor allem wenn diese von den Mitarbeiter/-innen nicht initiiert sind oder es an der nötigen Motivation fehlt. Erfahrungsgemäß ist das Beharrungsvermögen relativ groß. Die Gefahr, dass Ideen im Sande verlaufen, ist daher nicht auszuschließen. Wenn der Einkauf seiner innovativen Ausrichtung verantwortungsbewusst nachkommen will, ist er gehalten, sich nach der Ideenfindung nicht zurückzuziehen, sondern die Umsetzung z. B. im Rahmen eines Projektes voranzutreiben.

Grundsätzlich gilt:

Wenn innovative Ideen und Vorschläge zur Implementierung neuer Strategien, Strukturen, Systeme, Prozesse, Methoden oder Verhaltensweisen erfolgreich umgesetzt werden sollen, so ist zwingend die ungeteilte und nachhaltige Unterstützung durch die Geschäftsführung sowie ein bereichsübergreifendes und in sich abgestimmtes Veränderungsmanagement (Change Management)[9] erforderlich. Dabei geht es in erster Linie darum,

- die Betroffenen von der Notwendigkeit der vorgeschlagenen Veränderung zu überzeugen
- Vision und Ziele sowie Auswirkungen im personellen, sachlichen und finanziellen Bereich zu kommunizieren
- Konflikte zu verhindern oder durch sachlich überzeugende Argumente aus der Welt zu schaffen

---

[9] Siehe auch die Ausführungen unter Ziffer 1.6.

- Risiken zu erkennen und vorbeugende Maßnahmen in die Wege zu leiten
- den Umsetzungsprozess strukturiert und systematisch voranzutreiben
- interdisziplinäre bereichs- sowie unternehmensübergreifende Teamarbeit zu forcieren
- zwischenzeitlich im Rahmen einer Meilensteinplanung das erreichte mit dem „Soll" zu vergleichen
- die Ergebnisse der Projektarbeit zu kommunizieren und diskutieren
- die gefundene Lösung zu implementieren
- das Neue mit dem Alten zu verknüpfen
- Lerneffekte nach dem Motto „Never-Ending-Improvement" auszuschöpfen

> Ideen-, Initiativ-, Konflikt-, Risiko-, Projekt- und Integrationsmanagement sind somit als Facetten eines professionell angelegten Veränderungsmanagements von bereichsübergreifender / unternehmerischer Tragweite!

Generell ist die Forderung, Fehler im Rahmen eines Veränderungsprozesses zu vermeiden, nicht aufrechtzuerhalten. Die Frage ist nach dem richtigen Umgang mit Fehlern, wenn man diese identifiziert und analysiert hat. Das Problem ist im menschlichen Verhalten zu sehen: Nicht der Mensch ist schuld, sondern die jeweilige Situation! Fehler zu verheimlichen, weil man sich schämt, ist menschlich zwar nachvollziehbar, aber der falsche Ansatz. Risiken, etwas falsch zu machen, einen Fehler zu begehen sind stets vorhanden. Grundsätzlich sollten Fehler nicht als Innovationsbremse be- und gewertet werden, sondern Anstoß zu einem intensiven Lernprozess bieten.

Es trifft auch in diesem Fall die Erkenntnis zu:

> Kommunikation, die miteinander und nicht übereinander geführt wird, ist stets der Schlüssel zum Erfolg!

Wenn im Unternehmen eine vernünftige Fehlerkultur gelebt wird und der Einkauf „mit gutem Gewissen" Veränderungen initiiert, dann ist damit in der Regel das Ziel verbunden, neben einer zuverlässigen Materialversorgung der Produktion, die Kosten für das eigene Unternehmen zu senken. Innovative Ideen und Vorschläge sind auch deswegen von den Mitarbeitern/-innen erwünscht, weil Einsparungen, die durch optimale Preisverhandlungen erreicht werden können, naturgemäß begrenzt sind.

Es wird ein Punkt erreicht, an dem es für den Lieferanten aus wirtschaftlichen Gesichtspunkten nicht mehr möglich ist, die Preise für die eigenen Produkte weiter zu senken. Der moderne Einkauf ist natürlich weiterhin auf der Suche nach Möglichkeiten für Einsparungen und Optimierungspotenziale. Um diese Ziele zu erreichen, müssen immer wieder neue Wege beschritten werden, ergebnisbeeinflussende Veränderungen im Rahmen bereichsübergreifender Projektarbeit vorangetrieben werden, nachfolgendes Praxisbeispiel bietet dafür den Beleg.

Beispiel 1.4: Cost-Saving Program der Eppendorf Instrumente GmbH[10]

Das Kostensenkungsprogramm der Eppendorf Instrumente GmbH basiert auf der Annahme, dass es in den Bereichen Produkte, Produktion und Logistik sowie der Prozesse entlang der Supply Chain potenzielle Verschwendungen gibt.

Diese sollen im Rahmen dieses Programms identifiziert und eliminiert werden. Dabei werden mehrere Aspekte genutzt, die auf strategischen Partnerschaften mit Kunden und Lieferanten basieren. So wird versucht, die fehlende Einkaufsmacht von mittelständischen Unternehmen durch eine enge und partnerschaftliche Zusammenarbeit mit strategischen Partnern auszugleichen, um konkurrenzfähige Preise für den Weltmarkt zu realisieren.

Der Lieferant bekommt die Möglichkeit, hier federführend jegliche Verschwendung entlang der Supply Chain zu identifizieren. In diesem Zusammenhang wird das spezifische Branchen Know-How des Lieferanten genutzt, um interdisziplinär und nach Abstimmung mit der Eppendorf Instrumente GmbH die identifizierte Verschwendung zu eliminieren, um eine dauerhafte Kostensenkung zu realisieren. Es wird vorausgesetzt, dass der Lieferant die Produkte und den Qualitätsanspruch des Kunden kennt, denn jede Einsparung wird zunichtegemacht, sobald es zu Problemen mit der Optimierung kommt. Es wird die Kreativität des Lieferanten gefordert und gefördert, um beispielsweise komplizierte Bauteile, die aus Over Engineering resultieren können, durch die gepaarte Expertise von Eppendorf und der Lieferanten aufzudecken und zu beseitigen. Der Initialworkshop beinhaltet eine Brainstormingphase der verschiedenen Fachabteilungen von Eppendorf und dem Lieferanten, in der sämtliche Aspekte wie Prozesse, Produkte, Produktion und Logistik betrachtet werden.

---

10) Der Beitrag fußt auf einem Vortrag von Herrn Ansätze der Eppendorfer Instrumente GmbH, der im Rahmen des 1. Norddeutschen Einkaufstages und der erstmaligen Vergabe des „Horst Hartmann-Preises" in Kiel am 06. Juni 2013 gehalten wurde.

Anschließend bietet es sich an, die Vorschläge zu diskutieren und zu bewerten, um hierbei schnell umsetzbare Vorschläge priorisieren zu können. Diese Ideen und Vorschläge können so weit gehen, dass Baugruppen teilweise oder komplett neudesignt werden, um das Produkt optimal auf die Fertigungsmöglichkeiten des Lieferanten und die neuesten Entwicklungen der verschiedenen Komponenten anzupassen. Auch bietet es sich an, die Vorlieferanten in gewissem Maße zu involvieren, um dadurch den Bedürfnissen des eigenen Lieferanten entsprechend, die Materialversorgung sicherzustellen und Kosten zu vermeiden.

> Im Rahmen der Projektpriorisierung ist zu beachten, dass dieses Programm das Ziel verfolgt, innerhalb von sechs Monaten Einsparpotenziale im Bereich von 5 % des jährlichen Einkaufsvolumens dauerhaft zu realisieren.

Das Kostensenkungsprogramm von Eppendorf beschränkt sich, wie beschrieben, nicht nur auf das Produkt oder die Produktion selbst, auch alle anderen Aspekte der Supply Chain werden beleuchtet. Optimierte Verpackungen und innovative Logistikkonzepte bergen in global agierenden Unternehmen immer mehr Einsparpotenzial. Beispielsweise bieten Pendelverpackungen und regelmäßig terminierte Lieferungen eine enorme Möglichkeit zur Kostenreduktion. Nebenbei kann durch solche Verbesserungen auch die Auslastung der einzelnen Mitarbeiter/-innen besser gesteuert werden, so dass Überlastungen und Leerlaufzeiten vermieden werden können. Auch hier sollten die beteiligten Abteilungen von Eppendorf und die Lieferanten involviert werden, um optimal auf die Bedürfnisse und Einsparmöglichkeiten auf beiden Seiten einzugehen.

Dass neben der Kostenreduktion auch natürliche Ressourcen geschont werden, ist ein positiver Nebeneffekt, denn natürlich legt auch Eppendorf großen Wert auf ökologische Nachhaltigkeit, die im Optimalfall zusätzlich ökonomisch sinnvoll für das Unternehmen ist.

In Abhängigkeit zu den Lebenszyklen der Produkte, kann dieses Cost-Saving Program in Abständen von 3-4 Jahren erneut initiiert werden. Ebenso können durch konsequentes Einhalten der vereinbarten Verbesserungen für zukünftige Projekte Kosten von Beginn an vermieden werden.

Für einen reibungslosen Ablauf dieses Cost-Saving Program ist es notwendig, den genauen Rahmen sowie den Dokumentationsumfang zu definieren, um Störungen bei nicht involvierten Produkten zu vermeiden.

Ebenso sollte ein derartig intensives Programm immer von den Führungsebenen beider Unternehmen eingesteuert werden.

Zusammengefasst ist das Eppendorf Cost-Saving Program eine mehr als nur interessante Option, um sämtliche Optimierungsmöglichkeiten einer Geschäftsbeziehung auszunutzen. Der entscheidende Punkt, der für dieses Programm spricht, ist, dass beide Parteien von den Einsparungen profitieren können und die partnerschaftliche Zusammenarbeit weiter intensiviert wird.

Insgesamt sollten die Mitarbeiter/-innen im Einkauf nach dem Motto verfahren: „Wer nicht wagt, der nicht gewinnt!" Ein Fehlschlag sollte Ansporn sein!

Der Schlüssel von Reverse Marketing liegt in den Worten

Als Leitlinie sollte feststehen:

- Modernes Einkaufsmanagement setzt permanentes Initiativmanagement voraus
- Initiativmanagement verlangt Kreativität und Zielstrebigkeit im kontinuierlichen Optimierungsprozess der Supply Chain.

1.2 Strategischer Einkauf als organisatorische Rahmenbedingung

Da zukünftige Entwicklungen schwer absehbar sind, besteht die einzige Möglichkeit zur Sicherung der eigenen Überlebensfähigkeit in der konsequenten Investition in die Kompetenz und das Wissen der Mitarbeiter/-innen im Einkauf. Eine Veränderung im Einkauf ist nur möglich, wenn das Verhalten der Mitarbeiter/-innen auf die Einkaufsstrategie des Unternehmens ausgerichtet ist.[11]

---

11) Siehe G. Kerkhoff / S. Penning, Personal im Einkauf, a. a. O., S. 55.

Modernes Einkaufsmanagement ist in der Einkaufspraxis organisatorisch als „Strategischer Einkauf" ausgeprägt. Mit anderen Worten:

> Modernes Einkaufsmanagement und strategischer Einkauf sind funktional miteinander zu verknüpfen. Modernes Einkaufsmanagement gleicht ohne adäquate organisatorische Rahmenbedingungen einer Wortblase, ebenso wie der strategische Einkauf ohne effizientes Einkaufsmanagement sich lediglich begrifflich modern gibt!

Offenbar soll in Abgrenzung zum operativen Tagesgeschäft die strategische Dimension deutlich machen, dass der Einkauf unternehmerische Verantwortung übernimmt und den Aufbau, die Pflege und die Nutzung von Erfolgspotenzialen zum Ziel hat. Die strategischen Überlegungen im Einkauf laufen daher auf eine Beantwortung der Fragestellungen hinaus,

→ welche Produkte,
→ welche Technologien,
→ welche Prozesse,
→ welche Märkte,
→ welche Lieferanten / Dienstleister,
→ welche Preise / Kosten

als „neue" Gestaltungs- und Strategiefelder im Rahmen der langfristig vorgegebenen Unternehmenspolitik und -strategien sowie unter Beachtung der zur Verfügung stehenden personellen, sachlichen und finanziellen Ressourcen zu identifizieren sind.

Die Umsetzung der strategischen Überlegungen, die in strategischen Programmen konkret ihren Niederschlag finden können, erfolgt durch die gezielte Wahrnehmung der aus der Sicht des strategischen Einkaufs operativen Aufgaben von der Beschaffungsmarktforschung bis zu Vertragsvereinbarungen.

1.2.1 Aufgaben des modernen Einkaufsmanagement im strategisch orientierten Einkauf

Im Wesentlichen sind bei Verwirklichung eines modernen Einkaufsmanagement-Konzepts die Aufgaben des strategisch orientierten Einkaufs durch folgende Merkmale geprägt:

- Er gestaltet als Bindeglied zu seinen internen und externen Kooperationspartnern die Wertschöpfungskette und die unternehmensübergreifende Supply Chain aktiv mit.
- Er wirkt als Schnittstellen- und Ideenmanager zwischen den internen und externen Kooperationspartnern und führt diese im Bedarfsfall zu funktions- und unternehmensübergreifenden Projektteams (z. B. zu Entwicklungsteams) zusammen.
- Er verschließt sich nicht der Erkenntnis, dass sich in einer Welt der technologischen Umbrüche das Einkaufswissen neu erfinden muss. Werttreiber sind nicht allein Kosteneinsparungen, sondern vor allem innovativ Potenziale. Diese lassen sich nicht erschließen, wenn sich Mitarbeiter/-innen im Einkauf nach wie vor als Schreibtischtäter verstehen.
- Er ist als kompetenter und kreativer Wertschöpfungspartner von Beginn an in die Produktentstehungs- und -entwicklungsphase integriert.
- Er strebt eine Optimierung der Total Cost of Ownership, d. h. der Gesamtkosten der Versorgung an (Beispiele hierfür sind die Durchführung der Qualitätssicherung durch Lieferanten und das Factory-in-Factory-Konzept).[12]
- Er ist Protagonist von „Buy"-Entscheidungen und bereitet diese mit Unterstützung des Controllings vor.
- Er schließt in der Regel langfristige Verträge ab (z. B. auf den Produktlebenszyklus bezogen, sogenannte Long-Life-Verträge).
- Er forciert den Einkauf von Komplettlösungen (System-, Modular-Sourcing).
- Er legt im Sinne von SRM[13] den Akzent auf die systematische Entwicklung und Pflege enger / kooperativer Kunden-Lieferantenbeziehungen, durch regelmäßige Lieferantenbesuche / Gespräche „vor Ort" und gemeinsame Projekte sowie weitere kooperative Aktivitäten, insbesondere mit den umsatzstärksten und strategisch wichtigsten Lieferanten.
- Er verfolgt durch Maßnahmen die Bedarfsbündelung, Lieferantenkonzentration, Modular-Sourcing und Einbindung alternativer leistungsstärkerer Lieferanten eine Optimierung der Lieferantenanzahl.

---

12) Beim Factory-in-Factory-Konzept mietet der Lieferant / Dienstleister im Betrieb seines Kunden eine Fläche, um seine Artikel zu bevorraten, evtl. montagegerecht vorzumontieren oder zu konfektionieren und Just-in-Time zu liefern.

13) Im Rahmen der Umsetzung von SRM (Supplier Relationship Management) ist Lieferantenmanagement in erster Linie als Beziehungsmanagement zu interpretieren. – Siehe auch in diesem Band unter Ziffer 4.1.

- Er favorisiert ein vollintegriertes Supplier Relationship Management-System auf der Basis einer Onlineplattform anstelle manueller Lösungen wie beispielsweise eine Selbstauskunft[14] mit Hilfe einer Excel-Sheet.
- Er schaltet im Rahmen von Outsourcing-Strategien wie beispielsweise beim E-Procurement leistungsfähige Lieferanten / Dienstleister ein, die nicht nur für die Beschaffung von C-Teilen zur Verfügung stehen, sondern maßgeschneiderte Prozessoptimierung und ein umfangreiches Management-Informationssystem bieten.[15]
- Er beachtet den globalen Nachhaltigkeits-Aspekt.
- Er treibt aufgrund der wachsenden Komplexität interner und externer Beziehungen und global eskalierenden Wettbewerbs um kurzzeitiges „Time-to-Market" u. a. in Zusammenarbeit mit dem Qualitätsmanagement die Automatisierung und Vernetzung aller Prozesse im (operativen) Einkauf und Qualitätsmanagement sowie im Lieferantenmanagement eine 360°-Sicht auf alle Lieferanten in Echtzeit voran.[16]
- Er betreibt auf der Basis interner und externer Daten / Informationen und unter Beachtung lieferantenbezogener Kriterien gezielt und systematisch Risikomanagement.
- Er forciert die unternehmensspezifische Entwicklung und Einführung zeitgemäßer Methoden und Werkzeuge (Tools), um auf der Grundlage relevanter Kriterien (strategische Bedeutung und Umsatzanteil von Lieferanten) Entscheidungen u. a. über Strategien und Maßnahmen schwerpunktmäßig zu treffen und insgesamt ein Veränderungsmanagement (Change Management) zu verwirklichen, das auf Prozessoptimierung im Sinne des Lean Management-Konzept[17] hinausläuft.

---

14) Im Rahmen der Vorauswahl eines Lieferanten stellt die Lieferantenselbstauskunft (kurz: Selbstauskunft) eine in der Praxis durchaus bewährte Informationsquelle dar. – Siehe auch die Ausführungen und Praxisbeispiele in Hartmann / Orths / Kössel, Lieferantenbewertung – aber wie?, 5. Auflage, Gernsbach 2013, S. 58 ff. und S. 142 ff.
15) Siehe ausführlich dazu Georg Sorge, Einkauf von Dienstleistungen, a. a. O., S. 115 ff.
16) Unter Time-to-Market (TTM) versteht man den Zeitraum von der Entwicklung eines Produktes bis zur Platzierung im Markt. Eine kurze TTM, d. h. ein kurze Entwicklungs- und Durchlaufzeit ergibt insbesondere bei Produkten mit kurzer Produktlebensdauer gegenüber (potenziellen) Mitwettbewerbern einen Wettbewerbsvorteil im Marketingbereich beispielsweise durch die Möglichkeit zur Preisführerschaft.
17) Lean Management („schlankes" Management) zielt darauf ab, die gesamte Wertschöpfungskette effizient zu gestalten, d. h. die angestrebte Prozessoptimierung dadurch zu verwirklichen, dass jede Art von Verschwendung – beispielsweise durch überflüssige Prozessschritte verursacht – vermieden wird. Als konkrete Ausprägungen von Lean-Konzepten sind u. a. Lean Buying, Lean Production und Lean Communication zu erwähnen.

Die merkmalsorientierte Auflistung veranschaulicht die signifikanten Unterschiede der strategisch orientierten zur bestellabwickelnden Funktion des Einkaufs und soll nachfolgend unter Berücksichtigung der im Zusammenhang mit Industrie 4.0 zu sehenden Weiterentwicklung des Einkaufs nochmals zusammengefasst werden:[18]

1. Der Einkauf schrumpft – der operative Einkauf wird weitgehend automatisiert. Operative Einkaufsprozesse können nahezu komplett digitalisiert werden.
2. Die Anforderungen und Erwartungen an den strategischen Einkauf wachsen – und damit die Forderung nach einem erhöhten Wertbeitrag. Unternehmen bieten ihren Kunden hybride Komplettlösungen und nicht mehr nur einzelne Produkte an, was den Anspruch an den Einkauf steigen lässt.
3. Der Einkauf wird in Zukunft vollkommen anders aussehen – es gibt keinen traditionellen Einkäufer mehr. Der Einkäufer muss künftig viele Talente mitbringen. Er wird zum Schnittstellen- und Ideenmanager zwischen den internen und externen Kooperationspartnern. Er muss ein hohes technisches Verständnis aufweisen, da er nicht nur in Entwicklungsteams aktiv tätig sein wird, sondern sich tendenziell zum Produktentwickler wandelt. Die Entwicklung zum Datenanalysten ist bereits gesetzt.
4. Persönliche Beziehungen bleiben auch zukünftig von hoher Bedeutung. Technologien ersetzen keine persönlichen Beziehungen. Sie vereinfachen zwar die Kommunikation, verbessern diese aber nicht zwangsläufig. Besonders im Einkauf bleiben persönliche Beziehungen zu Lieferanten und Kunden eine wichtige Basis.
5. Der Einkauf trägt nicht die Gesamtverantwortung für die Umsetzung von Industrie 4.0 – dennoch hat er eine entscheidende Rolle. Die Geschäftsführung bzw. das Management eines Unternehmens ist dafür verantwortlich, Industrie 4.0 im Unternehmen voranzutreiben. Der Einkauf trägt hierbei eine wichtige Mitverantwortung.
6. Veränderungen beziehen sich auf alle relevanten Dimensionen: Technologien und Systeme, Organisation und Prozesse, Management und Mensch sowie Geschäftsmodelle. Die Digitalisierung verändert alle Bereiche eines Unternehmens. Weitere Entwicklungen können nicht losgelöst voneinander betrachtet werden. Eine ganzheitliche Betrachtungsweise ist „mehr denn je" zwingend erforderlich!

---

[18] Siehe Sabine Schulz-Rohde: Industrie 4.0 und die Rolle des Einkaufs, in: Beschaffung aktuell, Nr. 6, Leinfelden, 2016, S. 12 f. (auszugsweise Wiedergabe).

Es ist unverkennbar, dass

- die Kernkompetenz des strategischen Einkaufs in der Marketingfunktion zu sehen ist
- mit der Verantwortung für Preise und Kosten, Qualität sowie Beschaffungskapazität und
- einem ganzheitlichen Rollenverständnis mit variablen Ausprägungen als Innovationstreiber, Wertschöpfungspartner, Lieferantenbeziehungs- und Supply Chain Manager, sowie – in Übereinstimmung mit Industrie 4.0 – als Schnittstellenmanager zwischen den internen und externen Kooperationspartnern bzw. zwischen den digitalvernetzten Prozessen.

Um dieser Verantwortung und damit dem Konzept eines modernen Einkaufsmanagements gerecht zu werden, müssen die Mitarbeiter/-innen zwangsläufig – soweit es sich realisieren lässt – vom operativen Tagesgeschäft – wie bereits erwähnt – zunehmend durch digitale Vernetzung der Prozesse entlastet werden. Allerdings sollte nicht verkannt werden: Wer die Probleme des Tagesgeschäfts nicht kennt, entscheidet u. U. falsch!

Der strategische Einkauf fungiert quasi als Pendant zum Verkaufsmarketing, sofern im Einzelfall seine Verantwortung entsprechend definiert und festgelegt ist. Sollte man sodann nicht der Bezeichnung „Einkaufsmarketing" den Vorzug geben? Ist das Selbstwertgefühl des Einkaufs im Vergleich zum Verkauf nach wie vor weniger ausgeprägt, so scheut man sich, begrifflich „gleichzuziehen"?

1.2.2 Aufgabenverteilung zwischen strategischem und operativem Einkauf

Auch wenn mit der Entwicklung des Managementwissens seit den 90er Jahren die Anzahl der Denkansätze und Theorien auf dem Gebiet der Organisation stark angewachsen ist, so hat sich der Dschungel der Begriffsvielfalt doch keineswegs gelichtet. Es reicht auch nicht aus, wenn – wie Praxisbeispiele zeigen – der dispositive Einkauf übergangslos zum strategischen Einkauf umfunktioniert wird, ohne dass sich gleichzeitig die organisatorischen und personellen Rahmenbedingungen grundsätzlich ändern.

Beispiel 1.5: Aufgabenverteilung zwischen strategischem und operativem Einkauf (Praxisbeispiel)

Abbildung 1.3 zeigt am Beispiel der Miele & Cie. KG, Gütersloh, eine organisatorische Lösungsmöglichkeit in der Aufgabenabgrenzung auf, wobei dem operativen Einkauf alle Aufgaben der Beschaffungslogistik zugeordnet sind.

Strategischer Einkauf:

- Entwicklung von Einkaufs-, Warengruppen- und Lieferantenstrategien in Übereinstimmung mit den Unternehmenszielen zur Maximierung des Wertbeitrags des Einkaufs.
- Der Einkauf ist als Projekteinkauf Mitglied in den Produktentwicklungsteams bereits ab der Konzeptphase bis zum Start der Produktion/Übergabe des Projekts in den Routinebetrieb.
- Bereitstellung aller notwendigen Beschaffungsmarktinformationen.
- Führung von funktions- und standortübergreifender Beschaffungsteams (Materialgruppenmanagement).
- Abschluss und Pflege von Rahmenverträgen.
- Lieferantenmanagement (Suche, Qualifizierung, Auswahl, Einbindung, Beurteilung, Entwicklung).
- Strategisches Management von Beschaffungsrisiken (präventiv, aktiv, reaktiv).
- Eskalationsstufe für die strategische Reklamationsabwicklung.
- Optimierung der Beschaffungsprozesse nach dem Wertstromprinzip bei maximaler Unterstützung durch IT-Systeme.
- Nutzung der Kosten- und Kostenpotenzialanalyse zur Erschließung der Wertpotenziale von Zukaufprodukten und -leistungen sowie der abnehmerrelevanten Rationalisierungspotenziale bei Lieferanten.
- Entwicklung und Implementierung von Einkaufsmethoden und IT-Systemen.
- Mitarbeit bei Make-or-Buy-Entscheidungen.
- Strategisches Vertragsmanagement.
- Entwicklung und Umsetzung von Qualifizierungsprogrammen für Einkäufer / -innen.
- ...

Operativer Einkauf

- Bedarfsermittlung
- Bestelldisposition
- Bestellerteilung / Lieferabruf
- Bestellüberwachung
- Überwachung der Risikoindikatoren
- Dispositive Steuerung der Ein- / Auslaufplanung von Produkten
- Abwicklung von Routinereklamationen
- Betreuung der Zahlungsprozesse (Rechnungsprüfung und Gutschriftverfahren)
- Bereitstellung relevanter Lieferanteninformationen (Lieferantenlangzeiterklärung, Nachhaltigkeitsinformationen, REACH / RoHS-Informationen etc.)
- Abwicklung des Schrottverkaufs
- ...

Beschaffungslogistik (Anlieferverkehr, inbound-Logistik)

- Konzeption des eingangsseitigen Logistiknetzwerks unter Berücksichtigung aller geeigneten Transportmodi (Straße, Schiene, Schiff, Flugzeug), Nutzung von Umschlagpunkten und strategischen Lagerkapazitäten.
- Steuerung der Warenanlieferungen entsprechend den Vorgaben der empfangenden Unternehmensfunktionen unter Berücksichtigung der Steuerungsgrößen Versorgungssicherheit, Transportkosten, Bestandskosten und -risiken.
- Planung und Umsetzung aller geeigneten Maßnahmen zur Optimierung des Working Capitals.
- Operative Verknüpfung der Materialdisposition mit der Tourenplanung.
- Konzeption und Umsetzung von selbststeuernden Versorgungskonzepten (Kanban) für C-Materialien.
- Planung und Umsetzung von strategischen Lägern, nach Möglichkeit unter Anwendung des Konsignations- und VMI Vendor Managed Inventory-Prinzips.
- Frühestmögliche Berücksichtigung der Beschaffungslogistik bei der Planung neuer Werkstandorte, Produktverlagerungen und Lieferantenauswahl.
- Optimierung des Behältermanagements (Ladehilfsmittel).
- Konzeption und Durchführung eines effektiven und effizienten Logistikcontrollings.
- Prüfung und ggf. Umsetzung erweiterter Leistungsumfänge der Logistikdienstleister (Umpacken, Kommissionieren, Qualitätsprüfung, Montagearbeiten etc.).
- ...

Abbildung 1.3: Aufgabenverteilung zwischen dem strategischen und operativen Einkauf sowie der Beschaffungslogistik (Praxisbeispiel)

Wie ist bei Miele die Bestandsverantwortung geregelt?

Das vorliegende Konzept, das sich seit der Einführung bewährt hat, sieht vor, dass dem Einkauf (strategisch und operativ) sowie der Beschaffungslogistik gemeinsam in einer Funktionseinheit die Verantwortung für die Materialbestände zugeordnet ist. Diese Regelung bietet den Vorteil der durchgängigen Verantwortung für die gesamte Prozesskette.

Von der Auswahl der Lieferanten über die Gestaltung der Netzwerke der Beschaffungslogistik bis zur operativen Steuerung der Materialströme kann die eingangsseitige Supply Chain ohne hinderliche Abteilungsgrenzen nach den Prinzipien des Wertstroms optimiert werden. Der Einkauf steuert den gesamten Beschaffungsprozess unter Berücksichtigung der vorgegebenen Ziele wie Bestandshöhen / Bestandsreichweiten, Anlieferfrequenzen, Transportkosten und Versorgungssicherheit. Die notwendigen korrespondierenden quantitativen Kennzahlen stehen zur Verfügung. Die praktische Erfahrung mit der Anwendung des beschriebenen Konzepts zeigt die gewünschten Effekte, wobei die Motivation des Einkaufs, die Bestände zu optimieren, noch weiter verstärkt wurde, indem die Bestandskosten der Kostenstelle Einkauf zugeordnet wurden.

Diese Aufgabenverteilung und -abgrenzung stellt sicher, dass der Stellenwert des operativen Einkaufs vergleichbar ist mit dem des strategischen Einkaufs. Ob und inwieweit sich dieser organisatorische Lösungsansatz im Einzelfall realisieren lässt, ist nicht zuletzt eine unternehmenspolitische Frage, aber mit Sicherheit auch abhängig von der einkaufspolitischen Überzeugungs- und Durchsetzungskraft. Das nachfolgende Praxisbeispiel kann ebenfalls als Wegweiser zu einer stringent logischen Aufgabenverteilung zwischen dem strategischen und operativen Einkauf angesehen werden.

Beispiel 1.6: Aufgaben und Ziele des strategischen und operativen Einkaufs in einem als Dienstleister fungierenden Unternehmen (Praxisbeispiel)

Da die Komplexität der Aufgabenstellung den Mitarbeitern/-innen im Einkauf kaum die Möglichkeit zur gezielten Bearbeitung der Märkte sowie zum Aufbau und zur Pflege der Lieferantenbeziehungen gab, entschloss sich im Jahre 2003 das Management bei HAHN+KOLB, Stuttgart, zu einer umfassenden Neugestaltung und -orientierung der Einkaufsfunktion. Die Aufgaben und Ziele des strategischen und operativen Einkaufs sind nunmehr in etwa wie folgt umrissen:

- Aufgaben und Ziele des strategischen Einkaufs
  - Festlegen und Umsetzen der Beschaffungsstrategie
  - Verbesserung der Einkaufspreise
  - jährlich Preisverhandlung mit den Kataloglieferanten
  - Einkauf aller sonstigen Leistungen (IT, Marketing, Bauleistungen ...)
  - Ausbau des ATORN Programms
  - Ausbau des ORION Programms
  - Lieferantenreduzierung, -pflege, -besuche, -bewertung, -klassifizierung
  - Konsignationslagerverträge abschließen, Konsignationslager einrichten
  - Mitarbeit bei Ausschreibungen
  - Messebesuche
  - enge Zusammenarbeit mit dem Produktmanagement → Katalogüberarbeitung, H+K Nachrichten
  - weiterer Ausbau des Einkaufscontrollings → Top 100 Lieferanten, monatliche Überwachung → Maßnahmen

- Aufgaben und Ziele des operativen Einkaufs
  - Servicegrad > 98,4 %
  - Lagerumschlag > 7,4
  - Dispositionsdaten pflegen
  - Terminverfolgung
  - Mahnwesen
  - Disposition von Lagermaterial
  - Bestandsmanagement
  - Rücksenden von Aktionsartikeln und Überbeständen
  - Importabwicklung (inkl. Zollabwicklung)

Um dem strategischen Einkauf die entsprechende Kompetenz und Wichtigkeit beizumessen, ist dieser bei H+K seit 01. November 2006 direkt in der Geschäftsleitung verankert.

Um zu gewährleisten, dass der (strategische) Einkauf nicht nur endverhandeln darf, sondern im Beschaffungsprozess die kaufmännischen und technischen Interessen gleichgewichtig betrachtet werden, sollte er der Produktion und den anderen Fachabteilungen mindestens gleichgestellt sein und direkt an die Unternehmensführung berichten können. Die Erfahrungen der Vergangenheit haben deutlich gezeigt:

- Hierarchische Nachrangigkeit lässt aufgrund mangelnder formaler Kompetenz der Stelleninhaber konsequentes strategisches Einkaufsmanagement zur Utopie werden!

In der Zukunft wird sich der strategisch orientierte Einkauf vermehrt bemühen müssen, gemeinsam mit anderen Fachabteilungen und in Zusammenarbeit mit ausgewählten (bevorzugten) Lieferanten (s. u.) die Einsparungspotenziale in der Wertschöpfungskette auszuschöpfen. Kundenzufriedenheit ist dabei Basis aller Strategien, die eine langfristige Sicherung der Wettbewerbsposition im Absatzmarkt zum Ziel haben. Time Based Management – hier steht die Zeit als Qualitätsfaktor im Mittelpunkt – und Total Quality Management sind Eckpfeiler dieser Zielrichtung, zu denen der Einkauf, aber ohne Zweifel auch die Logistik in vielfältiger Weise einen wichtigen Beitrag leisten können.

- Interne Akzeptanz ist dazu der Schlüssel des Erfolges, internes Marketing dafür ein notwendiges Hilfsmittel.

Vor diesem Hintergrund ist es zwingend erforderlich, den Bedarf an Personalentwicklung zu erkennen, zu analysieren und gezielt abzudecken.

1.3 Der Einkauf als Partner der Entwicklung

Als wesentliches Element des modernen Einkaufsmanagement-Konzepts ist die frühestmögliche Einbindung des Einkaufs in den Produktentstehungs- und -entwicklungsprozess zu betrachten. Die veränderte Rolle des Einkaufs besteht darin, im Sinne des „wertschöpfenden Einkaufs" an der Gestaltung der Bedarfsstruktur mitzuwirken, statt nach ihrer Festlegung auf der Basis vorgegebener Spezifikationen nur noch über Preise und vertragsrechtliche Fragen zu verhandeln (vgl. Abbildung 1.4).[19] Obwohl bei steigender externer Wertschöpfungstiefe immer mehr Innovationen von Lieferanten kommen, ist der Einkauf als dessen Steuerungsinstanz bei der Entwicklung neuer Produkte immer noch häufig außen vor.[20]

---

19) Siehe im Einzelnen vom Verf., Materialwirtschaft: Organisation – Planung – Durchführung – Kontrolle, 9. Auflage, Gernsbach 2005, S. 37.
20) Siehe Reiner Lasch, Nachhaltigkeit auch bei Partnern fördern, in: BIP, Frankfurt 2012, Nr. 5, S. 48 f.

Mit Sicherheit sind in dieser Situation die Chancen des Einkaufs gering, im Nachhinein die Herstellkosten des Produktes zu beeinflussen oder einen nicht-monetären Wertbeitrag durch beispielsweise alternative Technologien einzubringen.

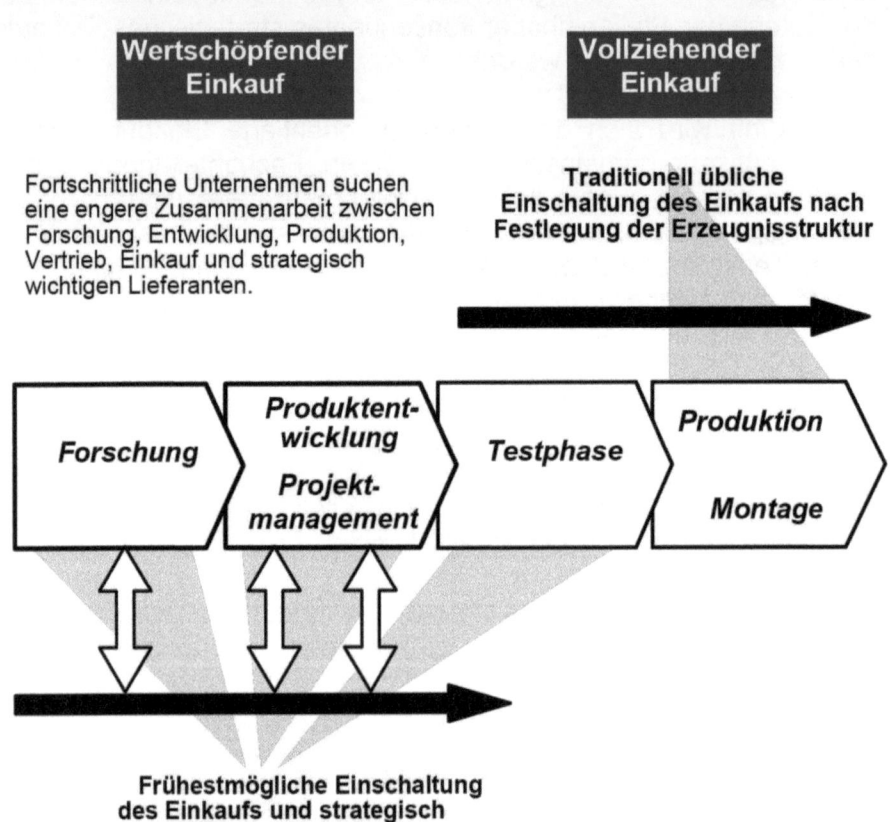

Abbildung 1.4: Wertschöpfender statt Vollziehender Einkauf

Die Auflösung der traditionellen Einkaufsstruktur und die strategische potenzialorientierte Ausrichtung des Einkaufs bilden die organisatorischen Voraussetzungen für die Einbindung des Einkaufs in die Prozessorganisation eines Unternehmens. Grundsätzlich besagt dieser Begriff, dass hier funktionsübergreifend eine Folge von Aktivitäten zur Aus- und Bearbeitung zusammengefasst werden. Im Mittelpunkt der Prozessorganisation stehen die Kernprozesse bzw. die Kerngeschäftsprozesse. Als wertschöpfungsintensive Kernprozesse sind aus der Sicht des Einkaufs zu nennen:

- Produktentstehungs- und -entwicklungsprozess
- Lieferantenauswahl- und -entwicklungsprozess
- Beschaffungsprozess

Aufgrund der Markt-, Lieferanten-, Produkt- und Technologiekenntnisse hat der Einkauf erhebliche Möglichkeiten zur Mitgestaltung des gesamten Entwicklungszyklus. Durch seine Mitarbeit besitzt er die Chance, externe Leistungen in Wettbewerb zu unternehmensinternen Leistungen zu setzen.

Um die prozessbezogenen Aufgaben wahrzunehmen, sind leistungsfähige und technisch versierte Mitarbeiter/-innen des Einkaufs sowohl in die Konzeptteams als auch in Serienentwicklungsteams zu delegieren.

Mit anderen Worten:

> Er muss ein hohes technisches Verständnis aufweisen, da er sich auch mehr und mehr zum Produktentwickler wandelt.

Denkbar ist auch, dass sogenannte Initial-Einkäufer mit dem Beginn einer Produktentwicklung in der Entwicklungsabteilung einen zweiten Arbeitsplatz einnehmen.[21]

Durch die Strategie des Simultaneous Engineering (SE), d. h. durch die vom Einkauf initiierte Einbindung innovativer Lieferanten in den Produktentstehungsprozess, werden durch Vermeidungsstrategien die Potenziale hinsichtlich

- Kosten
- Qualität
- Zeit

synergetisch ausgeschöpft (vgl. Abbildung 1.5). Der Wertbeitrag des Einkaufs zum Marketingerfolg wird durch monetären und nicht-monetären Zugewinn maximiert.

---

[21] Siehe vom Verf. u. a., Optimierung der Einkaufsorganisation, 2. Auflage, Gernsbach 2002, S. 108 ff.

Allerdings kann bei der Umsetzung von SE das Problem der richtigen Zeitanteile für Vorbereitung / Engineering zur Durchführung / Manufacturing auftauchen. Im Übrigen kann unter Verwendung der Internet-Technologie die unternehmensübergreifende Zusammenarbeit im virtuellen Raum erfolgen (sogenannte Collaborative Engineering; Kollaborationsmodell).

Allerdings:

> In der Praxis herrscht häufig Sprachverwirrung: Was für den Lieferanten eine Innovation ist, muss nicht unbedingt eine für den Einkauf sein. Wie ist eine Innovation zu bewerten? So kann der Lieferant der Auffassung sein, dass er eine bahnbrechende Neuentwicklung getätigt hat, während der Einkäufer darin nur einen marginalen Wertbeitrag für das eigene Unternehmen erkennen kann.

Um Missverständnisse zu vermeiden, sollten Einkauf und integrationsbereite Lieferanten eine gemeinsame Definition finden; ein relativ simples Gebot, das in der Praxis jedoch selten umgesetzt wird, da im Einkauf nur sporadisch über das Thema Innovation nachgedacht wird.[22]

Obwohl bei steigender externer Wertschöpfungstiefe immer mehr Innovation von den Lieferanten kommt, ist der Einkauf als deren Steuerungsinstanz bei der Neuentwicklung noch häufig außen vor.

Eine offene, kollegiale und partnerschaftliche Kultur sowohl innerhalb der Teams als auch übergreifend muss die Grundlage für eine zielorientierte Zusammenarbeit von Funktionen bilden, die in der Vergangenheit darauf bedacht waren, sich gegenseitig abzuschotten.

---

[22] Siehe im Einzelnen Constantin Blome, Innovationsbeschaffung: Die zehn Gebote: Von Anfang an dabei, in: Beschaffung aktuell, Nr. 9, Leinfelden 2011, S. 26-28.

Projektablauf

Partnerschaft nach innen und nach außen

Simultaneous Engineering bedeutet, dass alle an einer Produktentwicklung Beteiligten, vor allem auch Produktion, Einkauf und Lieferanten, vom Projektbeginn an einbezogen werden und das Entwicklungsziel in konzentriert - paralleler Aktion verfolgen, statt das Projekt von Ressort zu Ressort weiterzureichen.

>Vorteile: Gemeinsames Verständnis für kontinuierliche Entwicklungen (Benchmarks, Training), d.h. permanente gemeinsame Weiterentwicklung.
>
>Probleme werden frühzeitig erkannt und gemeinsam gelöst, zeitraubende, teure Änderungen vor „Toresschluss" minimiert.
>
>Es wird - mit weniger Mitarbeitern,
> - innerhalb kürzerer Zeit,
> - ein Maximum an Leistung erbracht.

Abbildung 1.5: Simultaneous Engineering: Synergieeffekte optimal nutzen

Im Rahmen eines modernen Einkaufsmanagements ist der Einkauf somit als

- Know-How-Träger und
- Know-How-Katalysator tätig, indem er die jeweils produktspezifischen Marktinformationen und -daten in die Entwicklung gefiltert einsteuert.

Darüber hinaus fungiert er als

- Know-How-Integrator, indem er die Entwicklung und technologisch auf ihrem Gebiet führenden Lieferanten (sogenannte Schlüssellieferanten) zusammenbringt.

1.4 Wertanalyse mit Lieferanten

1.4.1 Bedeutung und Verfahren der Wertanalyse

Als ein besonders wirkungsvolles Verfahren zur Minimierung und Vermeidung von Kosten hat sich die Wertanalyse[23] erwiesen, wobei hier unter diesem Begriff nicht eine Analyse der Gemeinkosten oder eine Potenzial-Analyse, sondern eine Analyse der Funktionsstrukturen verstanden wird. Diese ist – wie in der VDI-Richtlinie 2800 beschrieben – systematisch in mehreren Schritten durchzuführen.

Dabei sind zu unterscheiden:

- Wertanalyse in der Planungs- und Entwicklungsphase (Value Engineering)
- Wertanalyse am Fertigerzeugnis (Value Analysis)

Aufgrund der Ereignisse wertanalytischer Untersuchungen werden nicht oder nicht unbedingt erforderliche Funktionen bzw. Teile und Materialien eliminiert und für die verbleibenden Funktionen nach Möglichkeit kostengünstigere technische Lösungen getroffen, welche jedoch die Funktionstüchtigkeit des Erzeugnisses nicht beeinträchtigen.

---

[23] In der VDI-Richtlinie 2800 wird der organisierte und kreative Ansatz der Wertanalyse, durch den eine Wertsteigerung von Produkten und Prozessen erreicht werden soll, ausführlich beschrieben.

> Es geht bei der Wertanalysemethode nicht um Kosteneinsparungen um jeden Preis. Qualität und Funktionalität des Produktes, also der Wert, sollen nicht beeinträchtigt werden. Es geht um die Kosten, die entstehen, obwohl sie dem Kunden keinen Nutzen bringen und von ihm nicht honoriert werden.

Der Unterschied der Wertanalyse zu den bisherigen Kostensenkungsverfahren ist sehr wesentlich. Während man nämlich herkömmlicherweise vom bestehenden Produkt ausgeht und in der Hauptsache die Material- und Lohnkosten untersucht, werden bei der Wertanalyse mit der Analyse der Funktionen auch die Entscheidungen der Konstruktion und der Arbeitsvorbereitung in Frage gestellt. Recycling- und Entsorgungsmöglichkeiten spielen hierbei eine bedeutende Rolle.

Bezogen auf die Beschaffung besagt das: Der Einkäufer kauft nicht mehr, was die Technik bestellt. Er lässt sich die Funktionen, die erfüllt werden müssen, nennen und sucht von daher die preisgünstigste Beschaffungsmöglichkeit. Ein Beispiel soll diesen Unterschied zu den konventionellen Aufgaben des Einkäufers klären helfen.

Beispiel 1.7: Verändertes Rollenverständnis:
    Der Einkäufer als Einkäufer von Funktionen

In einer Schuhfabrik muss der Einkäufer u. a. bestimmte Felle für Winterschuhe beschaffen. Ihm bleibt die Aufgabe, dieses Material zum günstigsten Preis einzukaufen (Feststellung durch Angebotsanalyse).

Der moderne Einkäufer, der sich als „Problemlöser" versteht, kauft nicht bestimmte Felle, sondern funktionsmäßig Kälteschutz ein. Er geht also grundsätzlich davon aus, dass mehrere Materialien die gleiche Funktion ausüben können. Der Funktionswert bestimmt die Einkaufspolitik (Feststellung durch Wertanalyse).

Bei der konventionellen Angebotsanalyse, auf die selbstverständlich nicht verzichtet werden kann, wird von einem strengen Zusammenhang zwischen der Funktion eines Materials und dem Material selbst ausgegangen. Es geht darum, eine Ware, die in allen Einzelheiten spezifiziert ist, möglichst preisgünstig einzukaufen. Mit der Wertanalyse wird dieser strenge Zusammenhang zwischen einem bestimmten Material und der Funktion dieses Materials in Frage gestellt. Es geht nicht mehr um Material und Teile, sondern um die Aufgaben und die Funktionen, die das Material oder die Teile zu erfüllen haben, um auf diesem Weg die Kosten herabzusetzen.

Die Wertanalyse ist für jede Betriebsgröße anwendbar. Jedoch können in größeren Unternehmungen mit oftmals mehreren Tausend Materialpositionen die wertanalytischen Aufgaben nicht „nebenbei" erledigt werden. Intuition und Erfahrung reichen nicht. Vom Wertanalytiker sind mehr als nur oberflächliche kaufmännische und technische Kenntnisse zu verlangen.

1.4.2 Einbindung von Lieferanten in das Wertanalyse-Team

Erfolgversprechend kann die Wertanalysearbeit nur im Team erfolgen (vgl. Abbildung 1.6).[24] An diesem sollte sich neben anderen kostenbeeinflussenden unternehmensinternen Funktionen der strategische Einkauf von Anbeginn beteiligen. Von besonderem Vorteil ist es jedoch, strategisch wichtige Lieferanten in die Teamarbeit einzubeziehen, wobei eine Geheimhaltungsvereinbarung abgeschlossen werden sollte. Grundsätzlich können auch mehrere Lieferanten in ein Wertanalyse-Team eingebunden werden,[25] sofern diese nicht in Konkurrenz zueinander stehen.

---

[24] Siehe im Einzelnen Heinrich Orths, Einkaufscontrolling als Führungsinstrument – Tipps und Tools für den Erfolg, 2. Auflage, Gernsbach 2009, S. 184 ff.
[25] Es können fallweise auch weitere Funktionen wie beispielsweise das Marketing oder das Personalwesen hinzugezogen werden. Der gepr. Wertanalytiker sollte nicht fehlen, sofern diese Position abgedeckt ist.

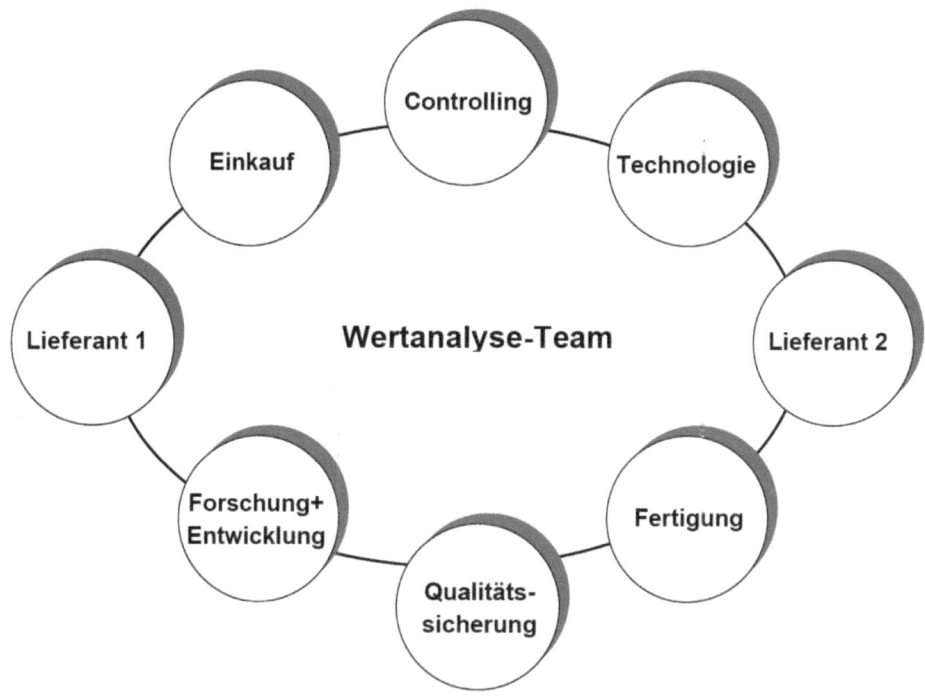

Abbildung 1.6: Beispiel eines Wertanalyse-Teams unter Einbindung von Lieferanten

In dem nachfolgenden Beispiel 1.8 hat sich die gemeinsame Teamarbeit mit Lieferanten als überaus zweckmäßig erwiesen.

Beispiel 1.8: Projektorientiertes strategisches Lieferantencontrolling im Rahmen eines Wertanalyse-Projektes mit Lieferanten (Praxisbeispiel)

Ausgangslage
Ein mittelständisches Unternehmen des Maschinenbaus mit Fertigung in Deutschland hat vor kurzem „den" Steuerschrank für seine Maschinen einer Standardisierung unterworfen. Mit dieser Maßnahme wurden die verschiedenen Ausführungen soweit möglich vereinheitlicht, brachten jedoch keine wesentlichen Kostenvorteile. Eine deutliche Kostensenkung wurde hiernach als notwendig betrachtet. Vor diesem Hintergrund wurde durch die Geschäftsleitung ein Wertanalyseprojekt initiiert.

Umsetzung

Bisher gab es im Unternehmen kaum Erfahrungen mit Wertanalyse. Daher wurde ein Berater mit entsprechender Erfahrung einbezogen. Er nahm die Rolle eines externen Teamleiters ein und sorgte nicht zuletzt auch für Kommunikation zwischen den einbezogenen Funktionen.

Gespräche im Vorfeld ließen erwarten, dass Einsparungen vor allem im Bereich des Blechgehäuses und im Geräteaufbau zu erwarten waren. Die beiden entsprechenden Lieferanten wurden in das Wertanalyseprojekt eingebunden.

Insgesamt wurden folgende Funktionen in das Wertanalyseteam einbezogen:

- strategischer Einkauf
- operativer Einkauf
- Marketing / Vertrieb
- Entwicklung
- Fertigung
- Controlling
- Lieferant 1
- Lieferant 2
- Berater (ext. Teamleiter)

Das Team hatte an einen Lenkungsausschuss[26] zu berichten, der aus Mitgliedern der Geschäftsleitung bestand. Hierbei handelte es sich um

- Zwischenbericht nach Ist-Aufnahme und Erstellung Sollkonzept
- Zwischenbericht nach Sammeln und Bewerten von Lösungsideen
- Abschlussbericht nach Erstellen einer ganzheitlichen Lösung

Die Aufgabenstellung fokussierte sich auf eine Einsparung von 15 %. Die Teamarbeit sollte in 20 Projekttagen (= ganztägigen Teamsitzungen) und innerhalb von 4 Monaten ab Projektstart abgeschlossen sein.

---

[26] Der Lenkungsausschuss ist das oberste Beschlussgremium im Rahmen einer Projektorganisation, d. h. es ist dasjenige Gremium, das im Rahmen eines Projektes wichtige Entscheidungen trifft.

Im ersten Abschnitt wurde die Ist-Aufnahme durchgeführt und das Sollkonzept erstellt. Hierzu gehörten nicht zuletzt

- Termin- und Aufgabenplanung
- SWOT-Analyse
- Funktionenbaum

Anhand des Funktionenbaums (Ist) wurden die nach Material- und Montagekosten gegliederten Ist-Kosten den Teilfunktionen zugeordnet und ließen sich bis zur Hauptfunktion verdichten. Damit wurde ein Überblick über die Kostenstruktur geschaffen.

Im nächsten Schritt wurden unnötige Funktionen ermittelt und eliminiert. Ein überarbeiteter Funktionenbaum (Soll) wurde erstellt und mit Soll-Kosten versehen.

Im Rahmen der konsequent durchgeführten Teamarbeit wurden Lösungsvorschläge zu konkreten Vorschlägen verdichtet und unrealisierbare Lösungsideen ausgesondert. Gründe für das Aussondern waren zum Beispiel

- technisch nicht realisierbar
- zu teuer (teurer als vorhandene oder andere Lösungen)
- unwirtschaftlich (zu hohe Anlaufkosten oder Werkzeuge, Entwicklungsaufwand)

Untersuchungen im Einzelnen und offene Diskussionen führten zu einem Paket von Vorschlägen, die dem Lenkungsausschuss vorgestellt wurden. Diese Abschlusspräsentation beinhaltete ca. 20 Einzelvorschläge in 3 Gruppen, und zwar

- „Schnellschüsse" (sofort umsetzbar)
- „Freigabeprozeduren" (umsetzbar nach individuellem Test)
- „Prototyp" (Bau eines Prototyps zur Freigabe erforderlich)

Insgesamt wurde ein Potenzial von ca. 18 % ermittelt und zur Umsetzung vorgeschlagen. Die Amortisationszeit der erforderlichen Aufwände (einschließlich derer für die Wertanalyse selbst) wurde mit ca. 4 Monaten errechnet. Lenkungsausschuss und Geschäftsführung folgten dem Vorschlag und leiteten die (inzwischen erfolgreiche) Realisierung ein.

Prozess-Controlling
Über die gesamte Projektzeit wurde das zu erwartende Ergebnis einem Controlling unterzogen. Auch die positiven Abweichungen waren nachvollziehbar zu begründen. Negative standen nicht an; diese wären entsprechend behandelt worden.

Fazit
Im Zuge des Wertanalyseprojektes wurde funktions- und unternehmensübergreifende Zusammenarbeit praktiziert. Die offene und vertrauensvolle Zusammenarbeit hat sich ausgezahlt. Neben dem Erfolg für das Unternehmen wurden auch wertvolle persönliche Erfahrungen gemacht, die wiederum nicht zuletzt dem Unternehmen zugutekommen.

Ohne die Einbindung der strategischen Lieferanten wäre dieser Erfolg wohl kaum möglich gewesen. In diesem Zusammenhang muss erwähnt sein, dass der Begriff „Einbindung" auch beiderseitige Transparenz bezüglich Abläufen und Kosten beinhaltet. Die seitens der Lieferanten erbrachte Leistung wurde nicht gesondert honoriert. Sie wurde im Rahmen der strategischen Zusammenarbeit zwischen Kunde und Lieferant erbracht. Leistungen dieser Art gehen über die Lieferantenbewertung (z. B. Hauptkriterium „Kosten", Unterkriterium „Beteiligung an Kostensenkungsmaßnahmen") in das Lieferantencontrolling ein. Sie sind mindestens mit direkten Preissenkungen gleich zu bewerten.

1.5 Globalisierung des Einkaufs

Einkäufer sind im Unternehmen eine Art Frühwarnsystem, wenn es um die Auswirkungen politischer, ökologischer und marktwirtschaftlicher Entwicklungen auf die Wettbewerbssituation des eigenen Unternehmens geht. Stets spielen Versorgungssicherheit mit Rohstoffen und Vorprodukten, aber auch regulative Rahmenbedingungen wie Protektionismus oder Handelsbarrieren eine eminent wichtige Rolle bei allen lokal oder global ausgerichteten Entscheidungen im Einkauf.[27]

---

27) Siehe im Einzelnen Gerd Kerkhoff, u. a., Einkaufsagenda 2020 – Beschaffung in der Zukunft, Weinheim 2010, S. 57.

Dem Global Sourcing, was nicht Global Purchasing heißt, kann sich heute ein modernes Einkaufsmanagement nicht entziehen. Im Gegenteil: Der weltweite Einkauf muss als fundamentaler Bestandteil einer marktorientierten Einkaufspolitik betrachtet werden. Unter dem derzeitigen Kosten- und Wettbewerbsdruck vieler Unternehmen ist die Globalisierung des Einkaufs, das Auffinden der weltweit günstigsten Beschaffungsquellen fast die einzige Chance, sich mit den Produkten am Markt zu behaupten.

Global Sourcing ist demnach mehr als nur eine Modeerscheinung, und die Höhe der internationalen Einkaufsquote eines Unternehmens ist kein Indiz für die Qualität einer globalen Marktstrategie. Global Sourcing ist auch mehr als nur die Suche nach den weltweit günstigsten Bezugsquellen.

> Global Sourcing ist eine Unternehmensstrategie, die von allen Unternehmensfunktionen getragen und gelebt werden muss, und für die das Einkaufsmanagement zur zielführenden Umsetzung die potenzialorientierten organisatorischen Rahmenbedingungen eines strategischen Einkaufs voraussetzen muss.

1.5.1 Der Global Sourcing-Prozess

Die Implementierung einer Global Sourcing-Strategie und eines entsprechenden Global Sourcing-Prozesses erfordern von Unternehmen eine nicht unerhebliche Investition in personelle und sachliche Ressourcen. Das ist insbesondere bei der Erschließung der „neuen" Märkte – der Emerging Markets – in den Schwellenländern Asiens und Osteuropa der Fall.

Die Umsetzung des Global Sourcing-Prozesses läuft in der Regel in folgenden Stufen ab:[28]

Stufe 1
Informationssammlung
Anfragen, Beschaffungsmärkte, Länderinformationen, Lieferantenbasis, Werkzeuge, Mitarbeiter/-innen

---

[28] Siehe im Einzelnen Wilfried Krokowski / Ernst Sander, Global Sourcing und Qualitätsmanagement – Strategien in der internationalen Beschaffung, Gernsbach 2009, S. 26 ff.

Stufe 2
Informationsauswertung und Festlegung der Unternehmensstrategie
Alle beteiligten Stellen einschließlich der Unternehmensführung sind an diesem Prozessschritt beteiligt

Stufe 3
Unternehmensvorgaben
Objektives an alle Unternehmensbereiche durch die Unternehmensführung

Stufe 4
Umsetzung und Kontrolle
Durch alle Unternehmensbereiche (Konstruktive Kritik ist dabei stets erwünscht!)

Erfolgreiches Global Sourcing kann nur betrieben werden, wenn man die Chancen und Risiken erkennt sowie transparente und gesamtheitliche Entscheidungsabläufe schafft. Zur Identifizierung, wann das eigene Unternehmen bereit ist, diesen Schritt zu gehen und welche Vorbereitungen noch getroffen werden müssen, sollen die Checklisten im Anhang veranschaulichen.

In diesem Zusammenhang ist u. a. eine Antwort auf folgende Fragestellungen zu finden:

→ Teilespektrum:
  - Welche Teile eignen sich für eine Global Sourcing-Strategie?
  - Wie hoch ist der Jahresbedarf?

→ Marktanalyse:
  - Welche Märkte sind in Betracht zu ziehen?
  - Wie hoch ist das Lohnniveau im Vergleich zu X?
  - Welche länderspezifischen Rahmenbedingungen (politisch, ökonomisch, ökologisch und kulturell) sind zu beachten?

→ Lieferantenanalyse und -management:
  - Welche Lieferanten erfüllen die Anforderungen?
  - Wie und mit wessen Unterstützung sind die Lieferantenbeziehungen längerfristig zu gestalten?
  - Lieferantenentwicklung und Lieferantenintegration?

→ Risikomanagement:
  – Welche besonderen Risiken sind zu beachten und welche vertraglichen Möglichkeiten sind gegeben, diesen entgegenzuwirken?[29]

→ Gesamtkostenbetrachtung:
  – Wie hoch sind die Gesamtkosten im Sinne einer Total Cost of Ownership-Betrachtung?
  – Rechnet sich die Auftragsvergabe?

Die Erfahrungen zeigen, dass Lieferanten mit Standort in Asien und Osteuropa erst dann unter Vertrag genommen werden sollten, wenn sich der Einkauf „vor Ort" von deren Leistungsfähigkeit überzeugt hat. Dabei kann die Unterstützung durch ein mit den einheimischen Verhältnissen vertrautes Einkaufsbüro sinnvoll sein. Prospekte und Zertifikate täuschen häufig eine Realität vor, die einer eingehenden Prüfung und Analyse nicht standhalten.

In dem nachfolgenden, der Praxis angelehnten Beispiel 1.9, werden einige Voraussetzungen für eine erfolgreiche Global Sourcing-Strategie skizziert.

Beispiel 1.9: Erfolgreiche Erschließung eines internationalen Beschaffungsmarktes (Praxisbeispiel)

Ein mittelständisches Unternehmen der Elektroindustrie mit ca. 900 Mitarbeitern/-innen und einem Umsatz von etwa 110 Mio. EUR hat seit einigen Jahren in Asien Fuß gefasst. Insbesondere China erweist sich als „boomender" Absatzmarkt, so dass sich die Geschäftsführung vor einigen Jahren entschloss, in Shanghai eine eigene Vertretung aufzubauen. Inzwischen ist man „vor Ort" mit zwei Vertriebsingenieuren und inländischen Mitarbeiter/-innen vertreten.

---

[29] Siehe ausführlich dazu Wilfried Krokowski / Sven Regula, Internationales Vertragsmanagement – Risikominimierung durch optimale Vertragsgestaltung in Einkauf und Logistik, Gernsbach 2012, S. 16 ff.

Aufgrund der erfolgreichen Erschließung des chinesischen Marktes für die eigenen Produkte sieht die Geschäftsführung auch für den Einkauf vielversprechende Möglichkeiten zum Bezug bestimmter / ausgewählter Baugruppen aus China. In einem Vorgespräch mit der Einkaufsleitung ließ die Geschäftsführung durchblicken, dass sie gegenüber den bisherigen Lieferanten „unter dem Strich" eine Preisreduzierung in der Größenordnung von mindestens 10 % erwartet. Damit im Zusammenhang ist die strategische Zielsetzung zu sehen, die internationale Einkaufsquote, die bislang bei 1,6 % des Beschaffungsvolumens lag, in den kommenden drei Jahren zu vervierfachen.

Die Einkaufsleitung hält es für erforderlich, im Rahmen eines Projektes eine Potenzial-Analyse zu erstellen. Dabei kann auf ein bereits vorliegendes Angebot eines chinesischen Herstellers für die Baugruppe XXL zurückgegriffen werden. Das Angebot liegt um 20 % unter dem vergleichbaren Artikelpreis eines inländischen Herstellers.

Da Global Sourcing von dem Unternehmen bislang nicht aktiv praktiziert wurde, soll das zu installierende Projektteam ebenfalls Vorschläge zur Verringerung möglicher Versorgungsrisiken und – sofern erforderlich – zur Lieferantenentwicklung unterbreiten.

Bei der Erstellung der Global Sourcing-Strategie werden alle Unternehmensbereiche beteiligt:

– Marketing
– Vertrieb
– Konstruktion / Entwicklung
– Produktion
– Logistik
– Einkauf
– Partner / Dienstleister

Das Projektteam kommt nach intensiver Diskussion und Beratung zu folgenden Ergebnissen:

Als geeignet erscheinen komplexere Baugruppen mit

– einem relativ hohen maschinellen Anteil
– ausreichenden Stückzahlen (Einkaufsvolumen)
– geringem Volumen
– stabilem Verbrauch

Diesen Merkmalen entsprechen z. B. „bestückte Leiterplatten mit Gehäuse und Kabelkonfektion".

1. Eine Brutto-Einsparungsquote in der Größenordnung von 30 bis 35 % sollte erreicht werden, um im Rahmen einer Total Cost of Ownership-Betrachtung noch eine Netto-Einsparungsquote von 5 bis 10 % zu erreichen. Die vorliegende Offerte erfüllt nicht diese Voraussetzungen. Versorgungsrisiken sollen über Pufferbestände im eigenen Unternehmen und / oder bei einem Dienstleister aufgefangen werden.
2. Material- bzw. Qualitätsrisiken sollen durch verstärkte Qualitätssicherungsmaßnahmen „vor Ort" vermindert werden.
3. Als Support-Maßnahmen zur Lieferantenentwicklung sollen Workshops „vor Ort" und im eigenen Unternehmen in Betracht gezogen werden.
4. Das Vertriebsbüro in Shanghai soll nur als „Pfadfinder" dienen. Mittelfristig sollen Einkaufsbüros (POS) eingeschaltet werden. Die in diesem Zusammenhang anfallenden Kostensätze für unterschiedliche Dienstleistungen sind noch zu ermitteln.

1.5.2 Die Gesamtkostenbetrachtung

Während sich traditionell der Lieferantenauswahlprozess auf einen reinen Preisvergleich alternativer Anbieter stützte, wird im Rahmen des Total Cost of Ownership-Prinzips (kurz: TOCO-Prinzip)[30] der Versuch unternommen, alle kostentreibenden Einflüsse zu erfassen und zu bewerten. Vor allem bei anstehenden Global Sourcing-Entscheidungen ist eine Gesamtkostenbetrachtung und eine Vollkostenanalyse unverzichtbar. Mit anderen Worten: Sofern Angebote auf FoB-Basis vorliegen, sind diesem alle darüber hinaus noch anfallenden Kosten und evtl. zu berücksichtigende Folgekosten hinzuzurechnen. Dabei kann es sich im Einzelfall u. a. um die nachstehend aufgelisteten Kostenelemente handeln:[31]

1. Logistikkosten, die in erster Linie Frachtkosten umfassen und bei der Beschaffung aus Überseemärkten nicht unerheblich sind.

---

30) Siehe Wilfried Krokowski, Global Procurement Consulting, Voraussetzungen zur Einführung und Umsetzung einer erfolgreichen Global Sourcing-Strategie im Unternehmen, Hann. Münden, o. J., S. 59 ff.
31) Siehe im Einzelnen vom Verf., Wie kalkuliert Ihr Lieferant? – Ratgeber für erfolgreiche Preisverhandlung im Einkauf, 3. Auflage, Gernsbach 2015, S. 95 ff.

2. Folgekosten, die
   - aufgrund von Vermeidungsstrategien (z. B. zur Vermeidung von Versorgungsrisiken durch erhöhte Sicherheitsbestände entstehende Kapitalbindungskosten) und / oder
   - durch Nichterfüllung vereinbarter Leistungen (z. B. durch vermehrte Reklamationen)

   entstehen.

3. Lieferantenbetreuungs- und -qualifizierungskosten, die aufgrund der Einschaltung z. B. eines Einkaufsbüros und / oder durch Support-Maßnahmen zur Lieferantenentwicklung / -qualifizierung verursacht werden.

Soweit es den Beschaffungsmarkt China betrifft, errechnet sich bei Beachtung des TOCO-Prinzips ein mögliches Einsparungspotenzial von 3 bis 5 % (vgl. Abbildung 1.7).

Beispiel:		
Einkaufsvolumen Produktionsgüter		100 Mio. EUR
Erfahrungswerte: Asien fähiger Bezug		
10 - 20 % KMU / mehr mechanisch orientiert		
20 - 30 % Großunternehmen / mehr Elektromechanik		
20 - 40 % Automobilzuliefererindustrie		
60 - 90 % Elektronik- / Computerindustrie		
Durchschnitt: 20 %		20 Mio. EUR
Kostenreduzierung im Schnitt Brutto (FoB China):	35 %	7 Mio. EUR
Nettoreduzierung nach TOCO (50 % von Brutto)		3,5 Mio. EUR
Maximales mögliches Einsparungspotenzial:	3 - 5 %	

Abbildung 1.7: Mögliches Einsparungspotenzial beim Bezug aus China[32]

[32] Siehe im Einzelnen Wilfried Krokowski, Global Procurement Consulting, Beschaffungsmarkt China, Hann. Münden, o. J. – Siehe auch die Ausführungen von H. Baumgarten / W. Krokowski, TRENDS AND STRATEGIES IN INTERNATIONAL PROCUREMENT – A Comparison between Asia and Europe, Hamburg 2004.

1.5.3 Corporate Social Responsibility (CSR)

Corporate Social Responsibility meint das bewusste und freiwillige Streben von Unternehmen, soziale und ökologische Ziele mit dem wirtschaftlichen Handeln in Einklang zu bringen. Die Übernahme sozialer und ökologischer Verantwortung durch Unternehmen gilt als ein Weg, das Konzept einer „Nachhaltigen Entwicklung" auch auf Unternehmensebenen umzusetzen. Freiwilligkeit gilt dabei als wesentliches Prinzip der CSR.

Das Tätigkeitsfeld, das sich hinter CSR verbirgt, ist unterschiedlich zu interpretieren. Im Zentrum von CSR-Initiativen stehen ökologische wie soziale Aktivitäten. Typisches CSR-Thema ist die Einhaltung ethischer Standards, zu denen die Einhaltung von Menschenrechten sowie von arbeits- und sozialrechtlichen Regelungen, Umwelt- und Klimaschutz, Verbraucherschutz sowie die nachhaltige Bewirtschaftung von natürlichen Ressourcen zählen.

1.6 Der Prozess der Strategienbildung

Wenn Strategien als langfristig geplante Handlungsalternativen zu begreifen sind, die festgelegt werden, um in den gegebenen Rahmenbedingungen die gesetzten Ziele zu erreichen, dann ist damit in etwa eine Vorgehensweise nach folgendem Muster gefordert:

→ Potenzialanalyse:

Analyse der Fragestellung:
- Wo stehen wir?
- Was wollen wir?
- Welches sind die kritischen Erfolgsfaktoren?

→ Strategiediagnose / -bildung:

- Welche Handlungsalternativen haben wir?
- Welche Strategien führen am sichersten zum angestrebten Zustand?

Chancen und Risiken
→Entscheidung

→ Zielvereinbarung (Festschreibung):

Vorhersage der angestrebten Entwicklung, Zielabstimmung und -vereinbarung

→ Planung der Maßnahmen:

Checkliste möglicher Maßnahmen
Bewertung der Erfolgsaussichten

→ Durchführung

Durchführung der geplanten Maßnahmen nach dem genehmigten Plan

→ Ergebnisanalyse:

Bewertung der Ergebnisse, Analyse der Abweichungen
Korrekturmaßnahmen

Abbildung 1.8: Regelkreis der Strategieentwicklung

Wenn die eine oder andere Strategie auch vom Einkauf initiiert wird, so ist doch stets die Frage zu beantworten, ob und in welchem Umfang unternehmensinterne Funktionen der Supply Chain wie z. B. die Logistik und die Produktion / Technik davon tangiert werden. Sollte dieses der Fall sein, so ist die Frage zu beantworten, ob dieses Miteinander in und auch zwischen den Unternehmen z. B. durch Einbindung von Lieferanten nicht in projektbezogener Arbeit vollzogen werden sollte.

> Wissen (Know-How) und Tun (Do-How) sollten sinnvollerweise zusammengeführt, miteinander verknüpft und – ausgerichtet an einem gemeinsamen Ziel – koordiniert, geplant und gesteuert werden.[33]

Viele wertschöpfende Aufgaben sind zunehmend nicht nur fach-, abteilungs-, bereichs- und hierarchieübergreifend, sondern sogar unternehmensübergreifend zu lösen. Daraus erwächst die zwingende Notwendigkeit, eine ganzheitliche Wertschöpfungskette zwischen den Unternehmen und innerhalb eines Unternehmens zu gestalten. Projektausgerichtetes Zusammenspiel ist die sich daraus abzuleitende logische Konsequenz.

Doch wie lässt sich ein Projekt charakterisieren? Nicht selten wird mit der Bezeichnung Projekt oder als Projekt in Unternehmen viel Schindluder getrieben. So werden häufig alle möglichen Vorhaben als Projekt bezeichnet. Doch verdienen diese – wie z. B. die angestrebte Erhöhung der Rahmenvertragsquote – diesen Namen? Wohl kaum! Denn im Wesentlichen sind Projekte durch ihre Einmaligkeit und Komplexität charakterisiert.[34] Sie setzen, um erfolgreich abzuschließen, im Gegensatz zu den alltäglichen Aktivitäten des Einkaufs die Etablierung funktionsübergreifender Teams, möglicherweise unter Einbeziehung betroffener Kunden und Lieferanten, voraus und sollten im Rahmen einer projektspezifischen Organisation schrittweise nach dem Konzept der Meilensteinplanung durchgeführt werden.

Wichtig für die meisten längerfristig angelegten Projekte, die den Aufbau und die Entwicklung von Lieferantenbeziehungen betreffen, ist es, ein Termingerüst mit dem Ziel zu schaffen,

- den Status des Projektes unter Abwägung der Chancen und Risiken „zeitgerecht" zu ermitteln
- Druck in das Projekt zu bringen durch Setzung von Zwischenterminen
- wichtige Entscheidungen einzufordern.

---

33) Vergl. Werner / Kraus, Projektmanagement im Einkauf, Gernsbach 2008, S. 24.
34) Nach DIN 69901 ist ein Projekt ein zielgerichtetes einmaliges Vorhaben, das aus einem Satz gelenkter und abgestimmter Tätigkeiten mit Anfangs- und Endterminen besteht und durchgeführt wird, um unter Berücksichtigung von Zwängen bezüglich Zeit, Ressourcen und Qualität ein Ziel zu erreichen.

1.6.1 Meilensteinplanung als methodische Vorgehensweise

Meilensteine sind somit ähnlich zu sehen wie Zwischenprüfungen. Sie stellen in gewisser Weise Zwischenstopps im Navigationssystem des Projektmanagements dar, indem sie die Ereignisse definieren, die in dem festgelegten Zeitfenster bzw. zu einem spezifizierten Zeitpunkt erreicht sein müssen.[35] Mögliche Meilensteine im Rahmen eines Strategieprojekts stellen beispielsweise in Anlehnung an den in Abbildung 1.8 skizzierten Prozess der Strategiebildung nachstehende „Etappen" dar (Abbildung 1.9):

PROJEKTSTART

- Der Initiations-Work-Shop eines Strategieprojekts
- Die genehmigte Projektplanung
- Die Freigabe nach Prüfung der Ergebnisse einer Analyseeinheit:
  - Der Potenzialanalyse
  - Der Strategiediagnose und Zielvereinbarung
  - Der umgesetzten Maßnahmenplanung
  - Der Abweichungsanalyse
- Präsentation des Abschlussberichtes

PROJEKTENDE

Abbildung 1.9: Mögliche Meilensteine eines Strategieprojektes

Die Implementierung eines Initiativ-Workshops kann insbesondere bei umfangreichen Strategieprojekten durchaus sinnvoll sein, um zu verhindern, dass sich die Projektarbeit ohne vorgeschaltete Orientierung als uneffektiv erweist. Das Verständnis für die Aufgabenstellung wird geschärft und die strategische Ausrichtung abgeklärt. Im Einzelnen können u. a. folgende Aufgaben wahrgenommen werden:

- Vertiefende Bedarfserfassung
- Spezifische Risikoanalyse (z. B. auf Basis der SWOT-Analyse)
- Konzeptionelle Grobplanung

---

35) Siehe Werner / Kraus, Projektmanagement im Einkauf, a. a. O., S. 88.

- Abschätzung der Projektdauer
- Festlegung des Budgets
- Vorschlag für den Posten des Projektleiters
- Vorschlag der Teamzusammensetzung
- Entscheidung über Einrichtung eines Lenkungsausschusses[36]

Als allgemeine Voraussetzung dafür, dass eine Veränderung herbeigeführt werden kann, ist in der Regel eine Veränderung in der Einstellung der Mitarbeiter/-innen, etwas bewegen zu wollen, anzusehen. Weg vom Status Quo hin zu kreativen und mutigen Konzepten. Alte verkrustete Verhaltensweisen – wie z. B. die Priorisierung von Haus- und Hoflieferanten – sind in Frage zu stellen und zu beseitigen. Der Funke, etwas bewegen zu wollen, springt erfahrungsgemäß schnell über, wenn die Beteiligten frühzeitig in die Projektarbeit eingeschaltet und von der Sinnhaftigkeit alternativer Strategien überzeugt werden. Dabei kann die Implementierung eines Kaizen-Workshops äußerst wertvoll sein.

Vor allem ist es wichtig, die Geschäftsführung von einem Projekt zu überzeugen. Denn es kann bei der Projektdurchführung immer wieder zu Situationen kommen, bei denen Führungskräfte einem Veränderungsprozess negativ entgegenstehen. In dieser Situation ist ein klärendes Gespräch mit der Geschäftsführung notwendig.

1.6.2 Von der Potenzial- zur Abweichungsanalyse

Man kann davon ausgehen, dass aus verschiedensten Gründen Strategiekonzepte ohne eingehende Erfassung und Analyse der zu verändernden Situation „auf den Weg gebracht" werden. Möglicherweise ist eine derartige Vorgehensweise sogar verständlich, wenn es sich z. B. um eine überschaubare Anzahl von Materialgruppen oder Lieferanten handelt. Gleichwohl ist dieser Ansatz nicht ohne Risiko, da allzu oberflächliches Handeln zu Fehlentscheidungen führen kann. Es gilt daher:

---

[36] Die Einrichtung eines Lenkungsausschusses ist vor allem bei funktions- und unternehmensübergreifenden Großprojekten sinnvoll und kann auf die Initiative der Geschäftsführung oder eines betroffenen Bereiches zurückgehen. Im Sinne eines Steuerungsgremiums sind seine wichtigsten Aufgaben: Vorbereitung und Durchführung einer konstituierenden Sitzung und Festlegung weiterer Modalitäten, Zielvereinbarung mit dem von ihm benannten Projektleiter, Unterstützung des Projektteams während der Projektlaufzeit (Treffen der wichtigsten Entscheidungen und Stellung der Weichen), Überwachung der Zielerreichung (Leistung, Termine, Kosten), Entlastung des Projektleiters und des Projektteams zu den Meilensteinzeitpunkten und am Projektende. Der Lenkungsausschuss trägt somit das unternehmerische Risiko des Projektes. – Siehe im Einzelnen Werner / Kraus, Projektmanagement im Einkauf, a. a. O., S. 54 f.

> Auf eine umfassende und fundierte Potenzialanalyse sollte vor allem im Rahmen funktions- und evtl. auch unternehmensübergreifender Projekte nicht verzichtet werden, da das Ergebnis nicht besser sein kann als der Input!

Es ist somit sicherzustellen, dass alle relevanten Informationen, Unterlagen, Auswertungen und Bewertungsergebnisse bei der Erfassung der Ist-Situation, d. h. bei der Beantwortung der Fragestellung „Wo stehen wir?" herangezogen und ausgewertet werden. Die Vorgehensweise ist vergleichbar mit der gesetzlich verankerten Inventur und sollte zu einem unverfälschten und aktuellen Ergebnis führen. Um die Auswertung zu erleichtern, ist es zumindest bei komplexen Strategieprojekten sinnvoll, im Vorfeld eine Antwort auf grundsätzliche und zielführende Fragestellungen zu finden. Die strukturierte Analyse verbessert nicht nur die Transparenz, sondern deckt zugleich Optimierungspotenziale auf. Sie führt damit auch zu einer fundierten Aussage über die Erwartungswerte, d. h. zur Beantwortung der Fragestellung „Was wollen wir?".

Es sollte den Einkaufspraktiker/-praktikerin nicht überraschen, wenn insbesondere bei komplexen Strategieobjekten die Berechenbarkeit zahlloser entscheidungsrelevanter Faktoren eine nahezu unlösbare Aufgabe darstellt. Im Wesentlichen geht es dabei um die Abwägung der Chancen und Risiken. Es stellt sich also die Frage, ob und inwieweit die eine oder andere Strategie

- die bestmögliche Chance bietet, unter Berücksichtigung der vorhandenen personellen, finanziellen und sachlichen Ressourcen sowie der reibungslosen Umsetzbarkeit der geplanten relevanten Maßnahmen zum Erfolg führt und gleichzeitig
- die Eintrittswahrscheinlichkeit von Risiken am geringsten ist.

> In jedem Fall ist sicherzustellen, dass im Rahmen der Strategiediagnose die enge Verknüpfung zwischen Strategie und umsetzbaren zielführenden Maßnahmen nicht außer Acht gelassen wird!

> Strategien ähneln somit der Planung einer Vorgehensweise, die dazu dient, ein wirtschaftliches oder ähnliches Ziel zu erreichen, und in die man diejenigen Faktoren, die in die eigenen Aktionen / Maßnahmen hineinspielen könnten, von vornherein einzukalkulieren versucht.

Im Übrigen ist auf eine eindeutige „Rollenverteilung" zwischen Strategiebildung und Maßnahmenplanung zu achten, zumal eine Maßnahme stets als Mittel zum Zweck (Realisierung der Strategie) anzusehen ist, wenn z. B. die Bedarfsbündelung (Maßnahme) zur Verringerung der Lieferantenanzahl (Strategie) führen soll. Wie verwirrend muss es dann aber sein, wenn bei einer anderen einkaufspolitischen Situation die Verringerung der Lieferantenanzahl als Maßnahme auftaucht, um die Materialgemeinkosten zu reduzieren (Strategie)? Beide Fälle sind in der Praxis denkbar und entsprechen in ihrer Abfolge einer nachvollziehbaren Logik!

Auch wenn davon auszugehen ist, dass bereits vor dem Startschuss des Strategieprojektes sich mit der angestrebten Veränderung zumindest vage Zielvorstellungen verknüpften, so sollte das Projektteam nach erfolgreich abgeschlossener Strategiediagnose in der Lage sein, den prognostizierten Zustand nunmehr durch quantitative Größen verschiedener Art transparent und damit nachprüfbar zu gestalten. In der Einkaufspraxis werden vor allem Kennzahlen und Scoring-Ergebnisse herangezogen. In jedem Fall sollten die getroffenen Zielvereinbarungen – dem Smart-Prinzip folgend –

- spezifisch, d. h. konkret und präzise,
- messbar, d. h. überprüfbar und transparent,
- anspruchsvoll, d. h. nicht dem Minimalprinzip folgend,
- realistisch, d. h. erreichbar (auch bei Hindernissen) und
- terminiert, d. h. es gibt feste Zwischen- und Endtermine (entsprechend der Meilensteinplanung),

getroffen werden.

Im Rahmen der Maßnahmenplanung muss das Projektteam vor allem die nachstehend aufgelisteten internen und externen Voraussetzungen / Kriterien beachten:

- personelle, finanzielle und sachliche Ressourcen (Budgetrahmen)
- zeitlicher Rahmen für die Umsetzung (Projektdauer)
- vertragliche Bindungen und gesetzliche Restriktionen
- unternehmenspolitische Standards (z. B. Image)
- Kunden- und Lieferantenbindungen
- ...

Maßnahmen zu planen ist „das Eine", diese durchzusetzen „das Andere". Zumindest auf dem Papier muss die Machbarkeit sichergestellt sein.

| Blauäugiges Handeln ist unter allen Umständen zu vermeiden.

Da die geplanten Maßnahmen nicht von heute auf morgen realisiert werden können, ist nicht auszuschließen, dass trotz präventiver Gründlichkeit Verzögerungen im Ablauf auftreten. Es ist sodann eine Antwort u. a. auf folgende Fragestellungen zu finden:

→ Liegt eine Fehleinschätzung hinsichtlich des personellen und / oder des zeitlichen Aufwandes vor?
→ Traten unternehmensintern und / oder -extern unvorhersehbare Abstimmungsprobleme auf?
→ Welche Korrekturmaßnahmen wären erforderlich, um den angestrebten Erfolg sicherzustellen?
→ Welche Unternehmensfunktionen und Lieferanten sind hinzuzuziehen?

Wie auch immer im Einzelfall die Entscheidung ausfallen sollte, Aufwand und Nutzen müssen stets im Einklang stehen!

Um eine erfolgversprechende Umsetzung der geplanten Maßnahmen zu erreichen, sollten folgende Punkte als Treibergrößen beachtet werden:

- Klare Zielvereinbarungen
- Schnelle Vorschlagsbearbeitung
- Einfache Logik
- Schnelle und konsequente Umsetzung

Sofern Dienstleister und / oder Lieferanten in die Maßnahmenplanung einbezogen werden, können für diese Wertschöpfungspartner als besonders attraktive Anreize in Betracht gezogen werden:

- Abschluss längerfristiger Verträge
- Quotenaufstockung
- Konzentration des Teilespektrums
- Prozessintegration

Auch wenn ein Lieferant langfristig überdurchschnittliche Leistungen erbringt und damit zu Recht als Success-Lieferant tituliert werden kann, sollte der Einkauf weiterhin Anreize zur Intensivierung der Zusammenarbeit einsetzen, damit diese Situation erhalten bleibt.

Wenn der Stichtag erreicht ist, sollte vom Projektteam ohne weitere Verzögerung überprüft werden, ob und inwieweit der angestrebte Soll-Zustand dem erreichten Ist-Zustand entspricht. Dabei ist darauf zu achten, dass die Soll- und Ist-Werte in gleicher Weise aufbereitet sind, damit ein Vergleich durchgeführt werden kann. Da eine Punktlandung, d. h. eine hundertprozentige Übereinstimmung der Soll- mit den Ist-Werten, wohl nur in den seltensten Fällen vorkommt, erscheint es aus Gründen der Wirtschaftlichkeit ratsam, eine Toleranzgrenze für die Abweichungen von z. B. 5 - 10 % festzulegen. Mit anderen Worten:

> Eine Analyse erscheint nur dann sinnvoll, wenn die Soll-Ist-Differenz eine fundierte Untersuchung geradezu herausfordert.

Darüber hinaus ist grundsätzlich zu bedenken:

> Auch positive Abweichungen sind einer fundierten Ursachenrecherche zu unterziehen!

Um Ursachen, die zu negativen oder positiven Zielabweichungen geführt haben könnten, auf effektive Art und Weise zu identifizieren und zu analysieren, sollte das Projektteam – der verursachungsgerechten Logik entsprechend – der Prozesskette des Strategieobjektes von der Potenzialanalyse bis zur Maßnahmenplanung und -durchführung folgen. Im Zusammenhang mit den aus den Analyseergebnissen zu ziehenden Konsequenzen ist vor allem eine Antwort auf nachstehende Fragestellungen zu geben:

→ Welche Ursachen haben sich besonders negativ oder positiv auf den Zielerreichungsgrad ausgewirkt?
→ Welche Ursachen haben nach dem „Fehlerfortpflanzungsgesetz" auslösenden Folgecharakter?
→ Welche Ursachen haben kompensatorische, d. h. ausgleichende Wirkung?
→ Welche Ursachen sind auf nicht vorhersehbare Ereignisse zurückzuführen?

Das Projektteam ist also gefordert, die erkannten Ursachen nicht „blindlings" in Korrekturmaßnahmen umzusetzen. Insgesamt gilt:

> Wirtschaftliches Handeln hat Vorrang vor „buchhalterischer" Akribie!

1.6.3 Strategiefelder als Impulsauslöser

Als Strategiefelder und -beispiele können u. a. in Betracht kommen:

- Produkt
  - Strategie-Beispiele:
    - Modularisierung
    - Simultaneous / Cooperative Engineering
    - Outsourcing
- Markt
  - Strategie-Beispiele:
    - Local Sourcing
    - Global Sourcing
    - Forward Sourcing[37] / Advanced Purchasing
- Lieferanten
  - Strategie-Beispiele:
    - Lieferantenkonzentration
    - Lieferantenkooperation
    - Lieferantenintegration
- Preise / Kosten
  - Strategie-Beispiele:
    - Bedarfsbündelung
    - Prozessoptimierung
    - C-Teile-Management

---

37) Siehe im Einzelnen im Abschnitt 5, Ziffer 5.2.

- Logistik[38]
  - Strategie-Beispiele:
    - Ship-to-Stock[39]
    - Ship-to-Line
    - Line-to-Line

Als Strategie-Felder kommen außerdem grundsätzlich in Betracht:

- Organisation (z. B. Implementierung des strategischen Einkaufs, Einsatz zeitgemäßer Informations- und Kommunikationstechnologien, Digitalisierung)
- Personal (z. B. Weiterqualifizierung bestimmter Mitarbeiter/-innen)

---

[38] Als Forward Sourcing bezeichnet man Aktivitäten, die sich nicht auf Serienteile bestehender Modelle, sondern auf Neuteile geplanter Modelle erstrecken. Die eindeutig längerfristig ausgerichteten Marktrecherchen, die zum Abschluss von Vorverträgen führen können, werden auch mit dem Begriff Advanced Purchasing zum Ausdruck gebracht.

[39] Bei der Ship-to-Stock-Strategie erfolgt die Bereitstellung über ein zwischengeschaltetes Lager, während in den beiden anderen Fällen eine Direktlieferung an die Fertigungslinie erfolgt, die eine zeitlich genaue Abstimmung zwischen dem Anlieferungs- und Fertigungsrhythmus – auch Just-in-Sequence genannt – voraussetzt.

2. Supply Chain Management: Partnerschaft nach innen und nach außen ist gefordert

Im Rahmen eines modernen Einkaufsmanagements ist der strategisch orientierte Einkäufer zunehmend gefordert, als Supply Chain Manager (SCM) zu agieren. Rollenkompetenz und nicht Etikettenschwindel ist gefordert! Sind vom SCM-Bazillus unternehmensintern nicht weitere Funktionen wie Produktionsplanung oder Werksleitung befallen? Sofern die Entwicklung in diese Richtung weiter verläuft, ist abzusehen, dass sich anstelle eines Supply Chain Management eine Vielzahl von Supply Chain Funktionalisten etablieren. Es ist daher eine Antwort auf die Fragestellungen zu finden:

→ Welches Konzept verbindet sich mit dem Begriff Supply Chain Management?
→ Wie ist SCM organisatorisch auszugestalten?
→ Welche Grundsätze und Mindestanforderungen sind zu beachten?
→ Welche Erfahrungen mit SCM-Projekten liegen vor?

Der Begriff Supply Chain Management steht für eine Neuausrichtung von Einkauf und Logistik und der von ihnen zu steuernden Prozesse. Eine allgemeinverbindliche Definition fehlt jedoch bis heute trotz zahlreicher Veröffentlichungen und praktischer Beispiele.

Supply Chain Management geht weit über das eigene Unternehmen hinaus. Im einfachsten Fall ist SCM damit eine Form der Kooperation von zwei am Wertschöpfungsprozess beteiligten produzierenden Unternehmen (bilaterales Modell). Angelegt ist SCM aber eigentlich als Optimierungsansatz für sequenziell und simultan arbeitende Unternehmen, die gemeinsam in verschiedenen Wertschöpfungsstufen an der Herstellung von Teilen bzw. der Montage für ein bestimmtes Produkt arbeiten (multilaterales Modell). Es werden (Perlen-)Ketten von über die Herstellungs- / Lieferprozesse miteinander verbundener Partner und in letzter Konsequenz ganze Netzwerke solcher Unternehmen betrachtet. Fertigungs-, Lager- und Transportprozesse sind die Kettenglieder. Prozesszeiten und Kapazitätsinformationen sind mögliche Bindeglieder.

2.1 Supply Chain Management als Konzept

Supply Chain Management ist somit als ein Konzept zu interpretieren, das im Sinne der Ganzheitlichkeit möglichst alle unternehmensinternen und -externen Prozesse in ihrer Verknüpfung erfasst und die Leistung des Gesamtsystems an seinem Beitrag zur Erfüllung der Kundenbedürfnisse misst. Dabei sollte sich – wie in Abbildung 2.1 dargestellt – die Zusammenarbeit der am Wertschöpfungsprozess beteiligten Partner im Idealfall vom Rohstofflieferanten über alle Wertschöpfungsstufen bis hin zum Endverbraucher erstrecken. Da die Effizienz jeder einzelnen Supply Chain immer abhängig ist von ihrem schwächsten Glied in der Versorgungskette, steht die Optimierung des Gesamtprozesses im Mittelpunkt.

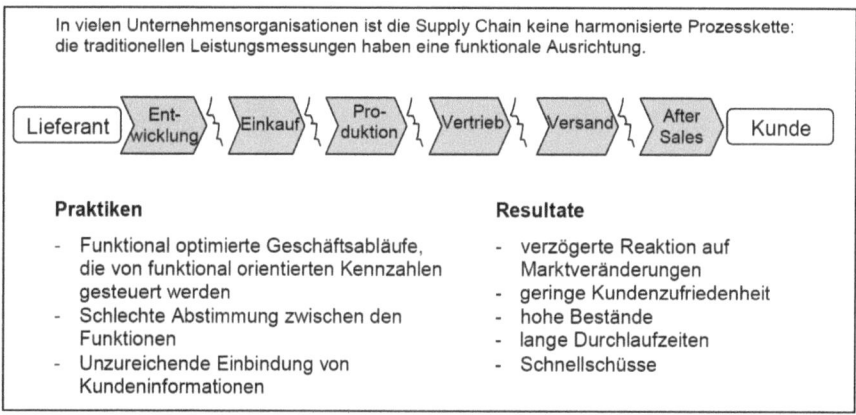

Abbildung 2.1: SCM als integrierter Bestandteil von end-to-end Business

Supply Chain Management zielt damit ab auf

- die Integration aller Partner einer Supply Chain in die Planung und Steuerung,
- den Abbau der Informationsbarrieren zwischen Abteilungen und Unternehmen,
- die Optimierung des Material-, Informations- und Zahlungsflusses zwischen dem Nachfragestrom auf der einen Seite und dem Angebotsstrom auf der anderen Seite durch koordiniertes Handeln und Agieren aller Partner.

Die Einbeziehung aller Glieder einer Wertschöpfungskette in den Informationsfluss ist das Grundprinzip. Da SCM endkundenorientiert ist, muss vorrangig die Transparenz von Bedarfsinformationen durch schnelle Weiterleitung von unmanipulierten Nachfragedaten über die gesamte Kette sichergestellt werden. Gleichrangig ist die schnelle Weitergabe von Bestandsinformationen und Informationen zu ungeplanten Stillständen, Kapazitätsengpässen etc. Informationen fließen in den Kettensträngen also sowohl von oben nach unten als auch von unten nach oben. Im Idealfall stehen die relevanten Informationen allen Partnern zeitgleich zur Verfügung.

> Oberste Optimierungsziele sind die Erhöhung der Flexibilität und das Vermeiden von Verschwendung (Bestandsüberhänge, Verschrottungsrisiken, Leistungsverluste, Sondermaßnahmen etc.) durch ein abgestimmtes Handeln der Partner. SCM ist somit ein Kollaborationsmodell.

Eine hohe Bedeutung hat die Geschwindigkeit der Informationsübermittlung. Deshalb ist die digitale Vernetzung ein prädestiniertes Medium zur schnellen Übermittlung der benötigten Informationen.

2.2 Organisationsszenarien zur Überwindung der internen Schnittstellen

Zweifellos sind weder der Einkauf noch die Produktion oder der Vertrieb aufgrund ihrer im Wesentlichen funktionsorientierten Aufgabenstellung und Ausrichtung in der Lage, dem ganzheitlichen Anspruch des SCM-Konzeptes ohne Umstrukturierung oder Auflösung ihres klassischen Kompetenzbereiches zu entsprechen. Der aufbauorganisatorische Implementierungsbedarf kann auch dadurch nicht abgedeckt werden, dass Führungskräften – zumeist aus dem strategischen Einkauf – die Steuerung und Koordination von unternehmensübergreifenden Projekten übertragen wird. Ein gestaltendes SCM-Organisationskonzept kann weder durch ein personelles noch durch ein punktuelles Veränderungsmanagement verwirklicht werden.

Ein entscheidender Schritt zur Überwindung der unternehmensinternen Schnittstellen kann mit Einführung der Beschaffungs-, Produktions- und / oder Vertriebslogistik getan werden, die jedoch stets nur partielle aufbauorganisatorische Lösungsansätze zur Verknüpfung logistischer Teilfunktionen darstellen. Dabei umfasst die Beschaffungslogistik – wie die anderen Teilsysteme – eine räumliche, eine zeitliche und eine Mengenkomponente. Die Verknüpfung zwischen dem strategischen Einkauf und der Beschaffungslogistik ist erfahrungsgemäß besonders eng, da der Einkauf durch Wahrnehmung seiner Aufgaben die Lieferkapazitäten auf den Beschaffungsmärkten bereitstellt, die im konkreten Bedarfsfall die Beschaffungslogistik nutzt.

Um unternehmensintern dem Grundgedanken des SCM-Konzeptes gerecht zu werden, müssen jedoch alle logistischen Funktionen wie die Zahnräder in einem Uhrwerk ineinander greifen können. Nach modernem Verständnis gehören zur Logistik die Funktionen

- Kundenauftragsabwicklung (Distribution),
- Produktionsplanung,
- Disposition,
- Fertigungssteuerung,
- Lager auf allen Lagerstufen,
- innerbetrieblicher Transport,
- Beschaffung (Bestellabwicklung),
- Warenannahme und -prüfung sowie die
- Entsorgung.

Für die Bildung gesonderter logistischer Organisationseinheiten spricht, dass sich auf diese Weise der ganzheitlich orientierte Planungs- und Steuerungsansatz der logistischen Prozesse leichter durchsetzen lässt.

Die ganzheitliche Logistik verknüpft somit als Querschnittsfunktion[40] den Beschaffungsmarkt über alle Stufen der Wertschöpfungskette mit dem Absatzmarkt und muss damit unter Einbeziehung eines marktorientierten (strategischen) Einkaufs als idealtypisches Organisationsmodell für ein effizientes Supply Chain Management angesehen werden, auch wenn im Rahmen der praktischen Organisationsarbeit unternehmensspezifische Rahmenbedingungen nicht außer Acht gelassen werden sollten. Ein Blick in die Praxis allerdings zeigt, dass diese häufig überbewertet werden und ihnen eher eine Alibifunktion zukommt. Zwangsläufig stellt sich die Frage nach den Implementierungsbarrieren.

> Unternehmen, die Supply Chain Management nicht nur als werbewirksames Medium nutzen, sondern gewillt sind, zielorientiert und offensiv die organisatorische Umsetzung voranzutreiben, sind gezwungen, verkrustete Strukturen und Abläufe aufzubrechen und ihre Mitarbeiter/-innen auf allen Ebenen zum ganzheitlichen Denken und Handeln zu motivieren.

---

[40] Siehe ausführlich dazu vom Verf., Materialwirtschaft, a. a. O., S. 64 ff.

Offenbar ist nichts schwieriger als ausgetretene Pfade zu verlassen und neue zu betreten oder erkannten Notwendigkeiten tatsächlich und konsequent Rechnung zu tragen. Wenn der Kosten- und Leidensdruck überhandnimmt, ist es für eine Um- und Neuorientierung zumeist zu spät!

Gleichwohl ist festzuhalten:

- Effizientes Supply Chain Management setzt zwecks Überwindung unternehmensinterner Schnittstellen als Organisationsmodell die Institutionalisierung einer ganzheitlichen Logistik oder integrierten Materialwirtschaft voraus.
- Implementierungsbarrieren sind durch ein professionelles Veränderungsmanagement aus dem Weg zu räumen.
- Der auf den Markt ausgerichtete (strategische) Einkauf sollte als leistungsfähiger Partner einer ganzheitlichen Logistik die Kundenanforderungen in den Beschaffungsmarkt hineintragen und die ziel- und projektorientierte Zusammenarbeit mit den Schlüssellieferanten intensivieren.
- Partielle Lösungen zur Ausschöpfung von Optimierungspotenzialen sind kein Surrogat für fehlendes ganzheitliches Supply Chain Management.

Es bleibt trotz der nicht zu leugnenden knappen personellen, finanziellen und sachlichen Ressourcen der fade Beigeschmack zurück, dass es für Unternehmen offensichtlich leichter ist, unternehmensübergreifend Partnerschaft und Kooperationsbereitschaft zu praktizieren als diese Voraussetzungen für ein effizientes Supply Chain Management unternehmensintern zu realisieren.

2.3 Supply Chain-orientiertes Rollenverständnis des Einkaufs

Sofern Verantwortung und Aufgabenstellung des Einkaufs auf der Philosophie des Marketing beruhen, der Einkauf also nicht als Bestellbüro oder Beschaffer abgewertet ist, sondern aufgrund seiner mehrwertsteigernden Einflussmöglichkeiten im Unternehmen entsprechend positioniert ist, sind Auswahl, Bewertung und Entwicklung von Lieferanten absolute Kernkompetenzen des Einkaufs. Diese werden durch die zunehmende Abhängigkeit der Unternehmen von externer Wertschöpfung immer wichtiger. Der Einkauf als Schnittstelle zum Lieferanten kann daher durch klar definierte Prozesse und Regeln der Lieferantenauswahl, -bewertung und -entwicklung je nach Branche, Einkaufsvolumen und Materialgruppe die Effizienz der Supply Chain vom Markt bis zum eigenen Unternehmen verbessern. Dieser Verantwortung muss der Einkauf in den kommenden Jahren gerecht werden und durch Supply Chain-orientierte Zielvereinbarungen (z. B. Verbesserung des Terminzuverlässigkeitsindex auf x % bis ...) untermauern.

Der marktorientierte (strategische) Einkauf ist im Sinne einer integrierten Materialwirtschaft der ideale Partner einer ganzheitlichen Logistik, um die im Vordergrund stehenden logistischen Wünsche und Erwartungen der Kunden zu wirtschaftlichen Bedingungen zu erfüllen. Bei der Zielfindung und beim Ableiten von Maßnahmen hilft Benchmarking durch Orientierung am „Klassenbesten".

2.4 Schnittstellen durch funktions- und unternehmensübergreifende Teams zu Nahtstellen umfunktionieren

Eine grundsätzliche Verminderung der Schnittstellenproblematik ist offensichtlich nur dann denkbar, wenn über die Abteilungsgrenzen hinweg Zusammenarbeit zur Normalität wird. Diese Änderung in der Denkhaltung scheint dringend erforderlich, um zu verhindern, dass Supply Chain Management zu einer Flickschusterei verkümmert.

2.4.1 Grundprinzipien interner und externer partnerschaftlicher Zusammenarbeit

„Wenn man nicht mehr weiter weiß, bildet man einen Arbeitskreis", war häufig letzte Rettung aus einer ausweglos scheinenden Problematik. Die Möglichkeit, von vornherein zu allgemein akzeptierbaren Lösungen zu kommen, wurde zu einer Notlösung herab qualifiziert. Die Bildung eines Arbeitskreises stellte in der Meinung mancher Manager die Vorstufe zum Offenbarungseid dar. Diese Denkweise muss aufgelöst werden, wenn die Strukturen innerhalb eines Unternehmens und an den Schnittstellen zu Dritten (Kunden, Lieferanten und Dienstleistern) von Partnerschaft geprägt sein sollen. Das neue teamorientierte Denken hat nur dann eine Chance, wenn

- Abkehr vom Funktionsegoismus
- Einordnen in Prozesse
- Offenlegen von Problemen
- Bereitschaft zur aktiven Hilfe
- Bereitschaft, sich helfen zu lassen

zur Selbstverständlichkeit im täglichen Umgang miteinander werden.

Letztendlich müssen bei der SCM-Umsetzung aber nicht nur die Mitarbeiter/-innen aus dem eigenen Unternehmen mitspielen, sondern alle am Supply Chain Netzwerk beteiligten externen Unternehmen. So kann das Scheitern eines SCM-Projektes auch daran liegen, dass Annahmen über die Geschäftspartner nicht zutreffend waren. Denn es konkurrieren nicht nur – wie häufig behauptet – ganze Supply Chains miteinander. Vielmehr fehlt es oft am grundlegenden Vertrauen zwischen den Marktpartnern, die sich ja auch bei Preisverhandlungen und Ausschreibungen künftiger Bedarfe begegnen.

2.4.2 Optimierungspotenziale und Erfolgsfaktoren

Es steht außer Frage, dass eine moderne organisatorische SCM-Lösung nur im Idealfall alle Wertschöpfungsstufen der Supply Chain umfasst. Außer Acht lassen sollte man natürlich auch nicht die Tatsache, dass Supply Chain Projekte zur Ausschöpfung von Optimierungspotenzialen dann zum Scheitern verurteilt sind, wenn sie auf ungenauen Zielvorgaben sowie übereilter Planung und Umsetzung beruhen.

Auf der SCM-Wunschliste stehen offensichtlich folgende Projekt-Themen obenan:

– Bestandsreduzierung
– Reduzierung der Supply Chain Kosten
– Verbesserung der Prognosegenauigkeit im Rahmen der Absatzplanung
– Verbesserung der Flexibilität innerhalb von Supply Chain Prozessen

In jedem Fall ist es sinnvoll, vor dem Start eines Supply Chain Projektes ein detailliertes Assessment über die Geschäftsprozesse durchzuführen, um sich dann auf Problembereiche konzentrieren zu können. Im Übrigen kann in Anlehnung an die in Abbildung 2.2 skizzierten Ablaufschritte vorgegangen werden.

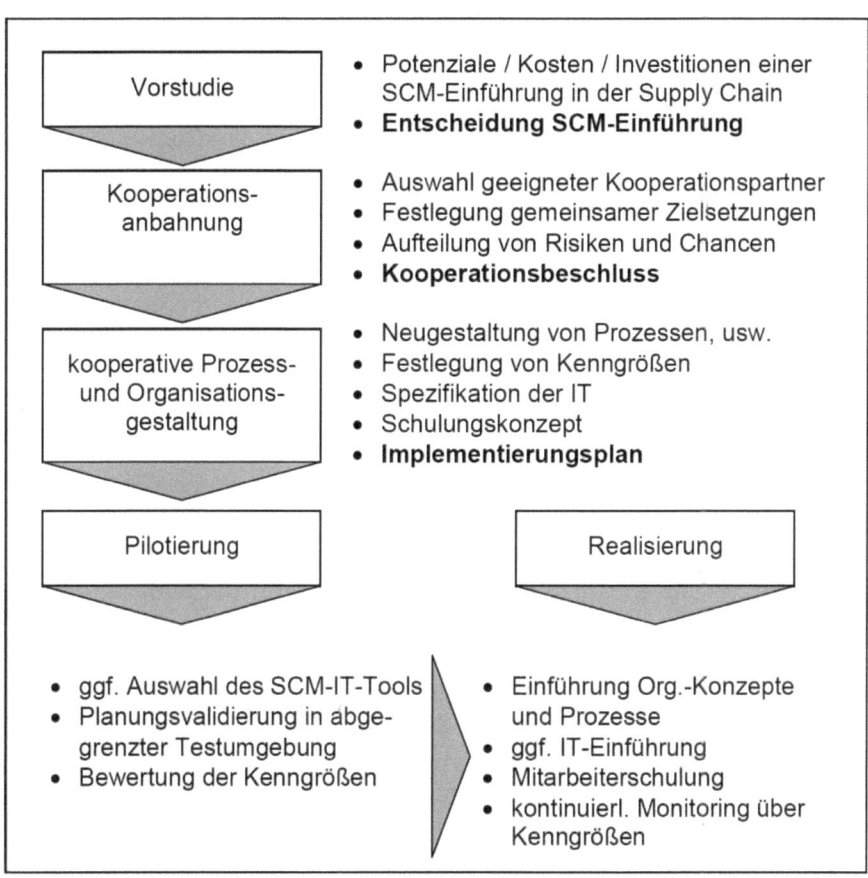

Abbildung 2.2: Vorgehensweise bei SCM-Projekten

Während sich traditionell Einkauf und Logistik auf die Erfolgsprinzipien Kosten, Qualität und Zeit konzentrierten, bilden sich neue wettbewerbsrelevante Kriterien heraus. Es stellt sich vor allem die Frage, wie Supply Chains künftig gestaltet und gemanagt werden (sollten). Danach ist der strategische Einkauf – ebenso wie die Logistik – wesentlicher Bestandteil eines institutionalisierten Supply Chain Managements. Gefordert ist eine flexible, reaktionsfähige, schlanke und intelligente Gestaltung des Gesamtprozesses und aller Prozessschritte:

- Reaktionsfähig, um unerwartete Bedarfe potenzieller Kunden beschaffungsseitig abzudecken, sobald sie auftreten.
- Flexibel, um trotz kürzer werdender Produktlebenszyklen und stark schwankender Nachfragemuster eine optimale Versorgung der externen und internen Kunden aufrecht zu erhalten.

- Schlank, um einen absolut effizienten „Stoffwechsel" (maximaler Output bei minimalem Input) sicherzustellen. Dies erfordert im Sinne von Lean Management die systematische Verhinderung jeder Art von Verschwendung und führt zu kostengünstigen Prozessen und Strukturen.
- Intelligent, um einen nahtlosen Informationsaustausch zwischen allen Beteiligten zu ermöglichen.

2.5 Unternehmensübergreifende SCM-Projekte: Mindestanforderungen müssen erfüllt werden

Damit eine Supply Chain die in sie gesetzten Erwartungen erfüllen kann, müssen Mindestanforderungen erfüllt sein. Trotz wirtschaftlicher und juristischer Eigenständigkeit der Partner muss partnerschaftliche Zusammenarbeit wirklich gewollt und gelebt werden – die Übermittlung zumeist sensibler Daten setzt ein besonderes Vertrauensverhältnis der Partner voraus.

Vertragliche Regelungen erweisen sich als notwendig, aber äußerst schwierig in ihrer Gestaltung, da mit derartigen multilateralen Verträgen juristisches Neuland betreten wird. Rollenkompetenzen und Verantwortlichkeiten müssen zielorientiert beschrieben sein, alle Verantwortlichen haben ihr Handeln danach auszurichten. Insbesondere muss klar vereinbart werden, wer im Fall von Versorgungsproblemen oder Bestandsüberhängen welche Aufgaben und Durchgriffsrechte hat.

> Klare und verbindliche Zielvereinbarungen und dazugehörige Messgrößen zur Planung und Steuerung der Prozesse sind ebenfalls unabdingbar. Über die Verteilung von Aufwendungen und Erträgen muss von Anfang an Einigkeit bestehen.

Der Erfolg von SCM-Anwendungen hängt in erster Linie davon ab, ob diese Mindestanforderungen beachtet werden. Erfolgsindikatoren sind außerdem

- die Ausrichtung unternehmensinterner Prozesse und Daten am SCM-Prozess und
- damit das Ausmaß der Standardisierung von Prozessen, Parametern und Daten sowie
- die Leistungsfähigkeit der eingesetzten Kommunikationssoftware.

Das nachfolgende ausführliche Praxisbeispiel aus der Automobilindustrie veranschaulicht die Komplexität und Problematik flächendeckender SCM-Anwendungen.

Beispiel 2.1: Supply Chain Management
– ein internetbasiertes Praxisbeispiel

AUDI Ingolstadt hat sich frühzeitig mit SCM-Fragen beschäftigt und einschlägige Erfahrungen gesammelt. Praxisnah durchgeführte Projekte ließen eine Reihe wesentlicher Vorteile dieses neuen Managementprinzips erwarten. Deshalb stellte sich die Frage, unter welchen Bedingungen ein flächendeckender Einsatz von SCM für alle Produkte und alle Zulieferteile realisiert werden könnte. Problembehaftete Ketten sollten in einem ersten Schritt innerhalb kürzester Zeit (24 Stunden) abgebildet werden können. Es galt, Chancen und Risiken, Aufwendungen und Benefits unter diesen Vorgaben zu ermitteln. Auch war man stark daran interessiert, die bis dato erarbeitete Methode und die bereits punktuell eingesetzte Softwarelösung mit einer größeren Zahl von Zulieferern zu testen und weiterzuentwickeln. Die Idee zum AUDI-Projekt SCM 24 war geboren.

Als Projektpartner konnten gewonnen werden:

Borg Warner Turbo Systems GmbH	mit dem Werk Kirchheimbolanden (Turbolader)
Robert BOSCH GmbH	mit Zentralabt. E-Commerce (Plochingen) und Werk Hildesheim (Navigationsgeräte)
Cosworth-Technology	mit dem Werk England (Motoren)
MAHLE GmbH	mit Einkauf + Zentrale Logistik (Stuttgart), den Werken Rottweil (Rohherstellung-Kolben) und Alzenau (Kolbenfertigung), dem Werk Eislingen (Fertigung und Vertrieb Kolbenbolzen) und dem Standort Portugal (Fertigung und Vertrieb Kolbenringe)

Als Softwareentwickler / -anbieter war die Fa. LOGISTIKWORLD mit Sitz in Ingolstadt mit von der Partie.

Vertreten waren damit sehr tief gestaffelte Lieferketten und Ketten mit hohem Konfliktpotenzial. Alle beteiligten Unternehmen sind Hersteller technisch anspruchsvoller Produkte und hatten bereits einschlägige SCM-Erfahrung.

Beim Projekt-Kick-off wurde eine professionelle Organisation und Arbeitsweise verabschiedet. Neben den unternehmensspezifischen Ketten, die jeweils in Projektgruppen strukturiert und abgebildet werden sollten, gab es grundlegende Arbeit zu leisten. Für diese Basisarbeit wurden drei unternehmensübergreifende Arbeitsgruppen eingerichtet:

- Arbeitsgruppe Prozesse (Leitung Fa. MAHLE)
- Arbeitsgruppe Funktionalitäten (Leitung Fa. AUDI)
- Arbeitsgruppe Aufwand / Nutzen (Leitung Fa. Bosch)

In Workshops wurden diese drei Themenfelder intensiv bearbeitet. Die Teilergebnisse standen den anderen Arbeitsgruppen über ein gemeinsames Berichtswesen zur Verfügung. Anlässlich regelmäßiger Projektmeetings wurden Ergebnisse im Detail vorgestellt und intensiv diskutiert. Alle beteiligten Unternehmen hatten für sich selbst Projektziele definiert – ein Soll-Ist-Vergleich war somit jederzeit gegeben. Wenn notwendig, wurde bei Abweichungen in den Projektverlauf korrigierend eingegriffen. Projektkosten und Aufwendungen wurden partnerschaftlich geteilt, die Benefits sollten ebenfalls partnerschaftlich geteilt werden.

Relevante Erkenntnisse und Erfahrungen der Projekt- und Arbeitsgruppen wurden zeitnah umgesetzt. So wurde beispielsweise die eingesetzte Softwarelösung ChainNet durch LOGISTIKWORLD während des Projekts permanent weiterentwickelt. Die Abbildung der unternehmensspezifischen Ketten ließ sich im Programm problemlos bewerkstelligen.

Äußerst aufwändig gestaltete sich hingegen die Vorarbeit, d. h. die Festlegung von Übergangsparametern zwischen den einzelnen Prozessen, Prozessschritten und Unternehmen wie Durchlaufzeiten, Transportzeiten, Bearbeitungszeiten, Losgrößen etc.

Das Aufschalten der Software auf die PC´s ging in den Unternehmen unterschiedlich schnell voran. Gehostet wurde die Software zentral in Ingolstadt auf einem leistungsfähigen Rechner. Die Systemperformance stand permanent auf dem Prüfstand – Antwortzeiten wurden während des Projekts drastisch verkürzt.

Anhand einer einfachen Supply Chain veranschaulicht Abbildung 2.3 beispielhaft die Verbindung der Prozessteilnehmer mit dem Internet.

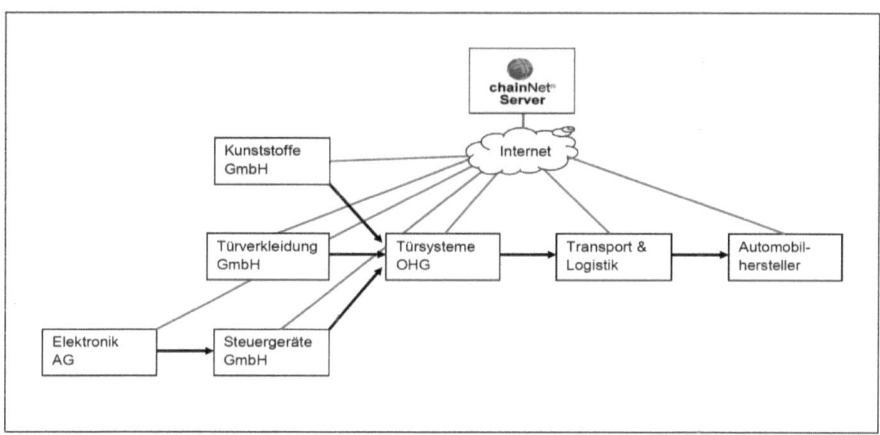

Abbildung 2.3: SCM 24 – das Prinzip (1)

Jeder Teilnehmer hat einen eigenen Client, der Server steht beim Softwareanbieter, die Funktion des Kontrollzentrums wird einem Teilnehmer zugesprochen, er übernimmt damit die Systemverantwortung für die Kette. Gemeldet werden Bestände an geeigneten Erfassungspunkten, vorzugsweise sind dies Wareneingangs- und Warenausgangsbereiche oder die Qualitätsprüfung. Für gewöhnlich werden dort sowieso schon Buchungen in den hauseigenen Transaktionssystemen vorgenommen, d. h. es entsteht kein zusätzlicher Aufwand (Abbildung 2.4).

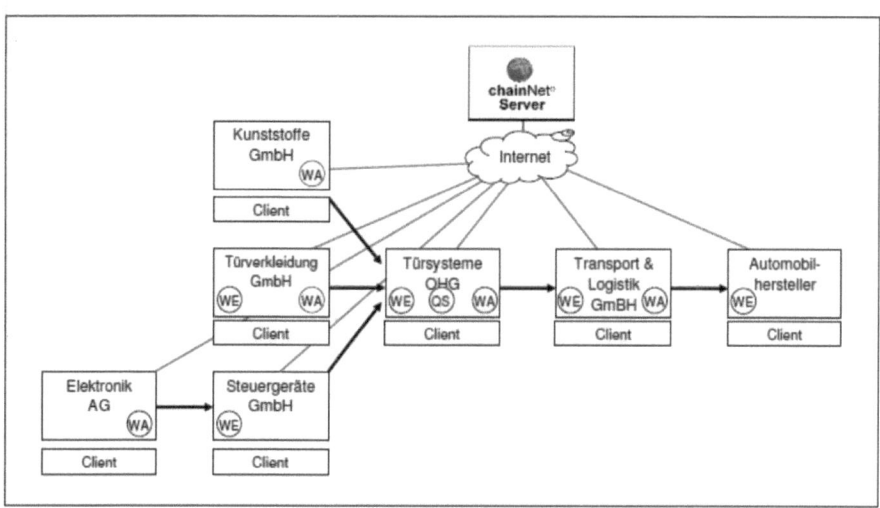

Abbildung 2.4: SCM 24 – das Prinzip (2)

Damit eine Supply Chain die in sie gesetzten Erwartungen erfüllen kann, müssen die bereits erwähnten Mindestanforderungen erfüllt sein.

3. Methodenkompetenz macht Sinn

Sinn oder Unsinn? Diese Frage wird in der Einkaufspraxis gewiss häufiger gestellt, wenn eine methodische Vorgehensweise erwartet wird. Man weiß doch schließlich, was „wichtig" oder „unwichtig" ist, man kennt doch seine bedeutendsten Lieferanten und schließlich: Die Entscheidung „aus dem Bauch heraus" hat noch nie versagt. Warum also dieser Aufwand?

Auch in diesem Fall trifft die Erkenntnis zu, dass die Sachlage differenziert zu betrachten ist. Das Ausmaß an Produkten / Artikeln, Lieferanten und Bestellungen, das Umfeld im IT-Bereich sowie die Positionierung und Ausrichtung des Einkaufs stecken entscheidend die Rahmenbedingungen für eine „Pro- oder Contra-Haltung" ab. So ist beispielsweise in einem Anwendungsfall als Aufgabe des strategischen Einkaufs festgeschrieben:[41]

> „Entwicklung und Implementierung von Einkaufsmethoden und Werkzeugen."

Auch wenn diese Aussage nicht verallgemeinert werden kann, so besteht doch kein Anlass, diese völlig außer Acht zu lassen. Sie ist mit Sicherheit kein Zufallsprodukt, sondern basiert auf der Erkenntnis, dass Methoden

- eine strukturierte Vorgehensweise ermöglichen,
- zur Effizienzverbesserung führen und
- Entscheidungen über Strategien und Maßnahmen erleichtern.

Es ist daher kaum zu bestreiten:

> Methodenkompetenz ist – unabhängig von der unternehmensspezifischen Sachlage – durchweg als sinnvolle professionelle Determinante und integraler Bestandteil eines modernen Einkaufsmanagements zu betrachten!
>
> Sicherzustellen ist in jedem Fall eine zielführende und ergebnisorientierte Umsetzung, ausgehend von der Fragestellung: Was wollen wir auf welchem methodisch untermauerten Weg erreichen?

---

41) Siehe im ersten Abschnitt Abbildung 1.3.

Dabei kann ein kompetentes Einkaufscontrolling fachliche Unterstützung leisten.[42] Da die Entscheidungssituation im Einkauf aufgrund der Globalisierung der Märkte und dem unveränderten Kosten- und Wettbewerbsdruck immer komplexer und risikoreicher wird, ist ein Einkaufscontrolling unverzichtbar. In diesem Zusammenhang sind die Basiskennzahlen Preisniveau und Materialverfügbarkeit unter dem Aspekt einer wertorientierten Unternehmensführung durch aktivitätsbezogene Mess- und Steuerungsgrößen zu erweitern. Als Themenfelder können Lieferanten- und Innovationsmanagement sowie Globalisierung der Bezugsquellen und Optimierung der Gesamtkosten in Betracht kommen. Eine erfolgreiche Einkaufsstrategie mit einer transparenten Messung des Wertbeitrages kann auf die Geschäftsentwicklung einen positiven Einfluss ausüben.

> Der vom Einkauf erzielte Wertbeitrag sollte zumindest einmal jährlich gegenüber der Geschäftsführung sichtbar gemacht werden.

Die Vielzahl der in der Theorie und in der Praxis anzutreffenden Methoden lassen sich im Wesentlichen dahingehend unterscheiden, dass ihnen

– entweder ein einziges Kriterium als analysierendes Medium zugrunde liegt (sogenannte eindimensionale Betrachtungsweise) oder
– zumindest zwei Kriterien herangezogen und gegenübergestellt werden (sogenannte zweidimensionale Betrachtungsweise).

Im Gegensatz zu einer eher methodischen Vorgehensweise wird beim Benchmarking nach den Erfolgstreibern gesucht und verlangt, dass sich Unternehmen und Unternehmensbereiche an den „Klassenbesten" messen, von diesen lernen und sogar ihre „Best Practices" übernehmen. Dabei sucht man den Vergleich in einem Produkt, einer Leistung oder einem Prozess. Als „Best-of-Class" können auch entsprechend beurteilte Lieferanten als Erfolgstreiber für ein gezieltes Lieferantenmanagement in Frage kommen. Die oft nur bedingte Vergleichbarkeit wird bewusst in Kauf genommen.

---

[42] Andreas Stollenwerk, Wertschöpfungsmanagement im Einkauf: Analyse – Strategien – Methoden – Kennzahlen, a. a. O., S. 62 ff.

3.1 Eindimensionale Methoden

In Abbildung 3.1 sind – ohne den Anspruch auf Vollständigkeit zu erfüllen – eindimensionale Methoden und deren denkbare Strukturierungskriterien zusammengestellt. Auffallend ist dabei, dass die ABC-Analyse buchstäblich ein „Massenphänomen" darstellt, was aufgrund des in der Praxis allgegenwärtigen Massenproblems nicht verwundern kann.

Methoden	Strukturierung nach ...
ABC-Analyse	Umsätzen der Lieferanten Verbrauchswerten Bestandswerten Bestellwerten Reichweiten
XYZ-Analyse	Nach Verbrauchsverhalten Prognosesicherheit
Preis- und Kostenanalyse	Kostenarten Kostenstruktur Kostencharakter
Prozessanalyse	Zeitbedarf Häufigkeit Kosten
Produktanalyse	QFD Elementen Reifegrad Prozessschritten
Lieferantenanalyse	Erfüllungsgrad - Leistungsfähigkeit - Zuverlässigkeit Strategischer Bedeutung
Marktanalyse	Einkommensverteilung Bevölkerungs- / Altersstruktur Wirtschaftsstruktur
Stärken-Schwächen-Analyse	Aufgaben / Funktionen Einfluss- / Erfolgsfaktoren Anordnungen
Risikoanalyse	Indikatoren Beobachtungsbereich Eintrittswahrscheinlichkeit Tragweite / Auswirkungen
Wertanalyse	Funktionen Gemeinkosten

Abbildung 3.1: Eindimensionale Methoden im Überblick

Die Preis-, Produkt-, Lieferanten- und Marktanalyse sind als Kerngrößen der Beschaffungsmarktforschung vom Einkauf gezielt und selektiv durchzuführen. In der Regel ist damit ein aktueller Handlungsbedarf begründet, der durch eine methodische Vorgehensweise abzusichern ist. So sollten in bestimmten Situationen Preisverhandlungen einer eingehenden Preis- und Kostenanalyse vorangehen.[43] Ebenfalls zweckbestimmend ist eine eingehende Lieferantenanalyse in Form eines Lieferantenaudits, die durch eine permanente Lieferantenbeobachtung und -bewertung zu ergänzen[44] ist.

Die Bewertungsergebnisse zeigen die Stärken und Schwächen eines Lieferanten auf, wobei eine zusätzliche ursächliche Erfassung und Beschreibung insbesondere der Schwächen unabdingbar ist. Die Visualisierung der Stärken-Schwächen-Analyse sollte zweckmäßigerweise in Form eines Lieferantenprofils[45] erfolgen, um die lieferantenspezifische Ist-Situation transparent zu machen und „auf einen Blick" im Sinne von KVP strategische Ansatzpunkte zu erkennen.

Die Stärken-Schwächen-Analyse muss jedoch nicht nur als eine Folgeerscheinung einer instrumentalisierten Datenerhebung angesehen werden, sondern kann – wie in der Einkaufspraxis durchaus üblich – in gewisser Weise authentisch durchgeführt werden. Standardisierte Merkmale oder Erfolgs- bzw. Anforderungskriterien sind in diesem Fall nach einem vorgegebenen Bewertungs- und Skalierungsmuster hinsichtlich ihrer Ausprägung zu benoten. Dabei kann auch das eigene Unternehmen oder der Einkauf[46] einem derartigen Bewertungsprozess unterzogen werden. Als Hilfsmittel können – wie beispielhaft in Abbildung 3.2 dargestellt – sogenannte Score-Cards verwendet werden. Die Fragestellung lautet stets: Wie ausgeprägt ist in dem Analysefall das Merkmal x (z. B. das „Image des Einkaufs") und wie ist dieser Ist-Zustand zu bewerten, d. h. welche Note / Punktzahl kann vergeben werden?

In diesem Zusammenhang kann möglicherweise ein Vergleich mit dem „Klassenbesten" als Messlatte dienen, indem – ausgehend von der „Best of Class-Benchmark" – die Bewertungsabstufungen beispielsweise von 9 – 0 (vgl. Abbildung 3.2) erfolgen.

---

43) Siehe im Einzelnen vom Verf., Wie kalkuliert Ihr Lieferant?, a. a. O., S. 62 ff.
44) Siehe im Einzelnen vom Verf., Lieferantenbewertung – aber wie?, a. a. O., S. 31 ff.
45) Siehe im Einzelnen vom Verf., Lieferantenmanagement – Gestaltungsfelder – Methoden – Instrumente, 3. Auflage, Gernsbach 2015, S. 75.
46) Siehe dazu in diesem Abschnitt unter Ziffer 3.2.3 die Abbildung 3.10.

Strategischer Einkauf Effizienzanalyse										
Kriterien	positiv			Erfüllungsgrad Ausprägung					negativ	
Unternemenspolitik, -kultur (Akzeptanz / Ignoranz)	9	8	7	6	5	4	3	2	1	0
Marktorientierung des Einkaufs	9	8	7	6	5	4	3	2	1	0
Prozesseinbindung des Einkaufs	9	8	7	6	5	4	3	2	1	0
Systematik der Strategiebildung, Strategieprogramme	9	8	7	6	5	4	3	2	1	0
Image des Einkaufs im eigenen Unternehmen	9	8	7	6	5	4	3	2	1	0
Qualifikation der Einkaufsmitarbeiter / -innen	9	8	7	6	5	4	3	2	1	0
Sachliche Ausstattung (Informationstechnologie)	9	8	7	6	5	4	3	2	1	0
... ...	9	8	7	6	5	4	3	2	1	0
... ...	9	8	7	6	5	4	3	2	1	0
... ...	9	8	7	6	5	4	3	2	1	0
Summe:										
Anzahl der Kriterien:										
Durchschnitt:										

Abbildung 3.2: Der Ist-Zustand des strategischen Einkaufs
– Bewertung auf der Basis einer Score-Card

Durchaus sinnvoll kann es sein, im Rahmen eines risikoorientierten Lieferantenmanagements die Stärken-Schwächen-Analyse durch Berücksichtigung der jeweils einzuschätzenden Chancen und Risiken zur sogenannten SWOT-Analyse zu erweitern.[47]

Die Wertanalyse ist eine Methode, bei der die Funktionen eines Produktes oder einer Dienstleistung systematisch mit dem Ziel untersucht werden, die Kosten zu senken oder zu verhindern, ohne die Qualität zu gefährden. In der Praxis werden cross-functionale Teams gebildet, die eine Produktidee oder -entwicklung von Anfang an begleiten. Frühestmöglich in die Teams einbezogen werden sollten Lieferanten, die auf ihrem Gebiet über ein spezifisches technologisches Know-How verfügen, um ein Maximum an Synergieeffekten zu erreichen.[48]

Im Folgenden soll insbesondere die ABC-Analyse dargestellt werden, da diese in der Praxis „allgegenwärtig" ist und auch bei Anwendung adäquater Analysemethoden die Bewertungsergebnisse (z. B. im Rahmen der Lieferantenanalyse) nach ABC-Klassifizierungsregeln strukturiert werden können. Darüber hinaus bleibt die XYZ-Analyse nicht unerwähnt, da diese in Kombination mit der ABC-Analyse dem Einkäufer ein höheres Maß an Treffsicherheit bei der differenzierten Festlegung von Normstrategien ermöglicht.[49]

3.1.1 Die ABC-Analyse

Die ABC-Analyse ist ein einfaches und mit relativ geringem Aufwand verbundenes Hilfsmittel, um komplizierte Sachverhalte überschaubarer zu machen. In der Regel ist sie bei Einsatz einer entsprechenden Software im Standard vorhanden.

Allgemein kann die mithilfe einer ABC-Analyse durchgeführte Strukturierung eine Konzentration der Aktivitäten auf die Bereiche großer wirtschaftlicher Bedeutung ermöglichen, indem das „Wesentliche vom Unwesentlichen" eindeutig getrennt wird. Rationalisierungspotenziale werden auf diese Weise deutlich markiert.

---

[47] Siehe in diesem Abschnitt unter Ziffer 3.2.3.
[48] Siehe dazu auch die ausführliche Darstellung im 1. Abschnitt unter Ziffer 1.4.2 und das dort eingefügte Praxisbeispiel 1.8.
[49] Zur ABC- und XYZ-Analyse vgl. vom Verf., Materialwirtschaft, a. a. O., S. 170 ff.

Die Durchführung der ABC-Analyse lässt sich durch einen Ablaufplan – wie in Abbildung 3.3 dargestellt – erläutern.

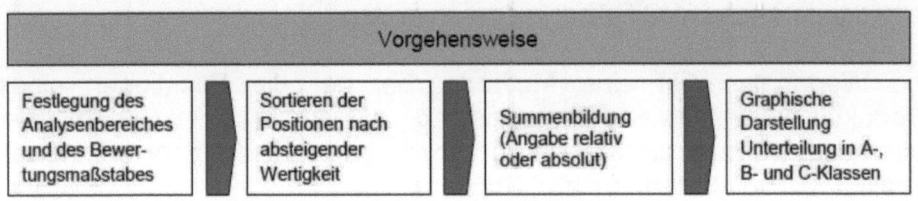

Abbildung 3.3: Ablauf einer ABC-Analyse

In der Regel erfolgt die Klassifizierung auf der Grundlage der ABC-Verteilung. Die dabei zu wählenden Klassifizierungsgrenzen sollten sich an der Mittel-Zweckbeziehung orientieren, d. h. nicht „willkürlich", sondern „zweckbestimmend" festgelegt werden. Ein mathematisches Regelwerk steht hierfür nicht zur Verfügung! Entscheidungsrelevant ist aus der Sicht des Einkaufs und / oder der Logistik stets die Beantwortung der Fragestellungen:

→ In welchem Umfang kann eine Effizienzverbesserung erreicht werden?
→ Welche personellen, sachlichen und finanziellen Potenziale stehen zur Umsetzung definierter Ziele und Strategien zur Verfügung?
→ Welche Sonderregelungen sind zu beachten?
→ Ist die entsprechende Datengrundlage überhaupt vorhanden?

In der Praxis ist die Klassifizierung der Artikel nach Verbrauchswerten besonders häufig anzutreffen. Dabei können aus Gründen der Zweckmäßigkeit auch vier Wertgruppen gebildet werden (vgl. Abbildung 3.4). Allerdings sind aus der Sicht des Einkaufs ausschließlich die A-Artikel und höherwertigen B-Artikel von strategischer Bedeutung, während es sich bei den geringwertigen Artikeln – in der Formulierung eines Einkaufsleiters – um „Krimskrams" handelt, sofern man dafür die Wertigkeit als Maßstab zugrunde legt.

Abgrenzung der Wertgruppen

Materialgruppen	Prozent der Materialpositionen		Wertanteil in Prozent	
	selektiv	kumulativ	selektiv	kumulativ
A	4,8	4,8	75	75
B	10,7	15,5	18	93
C	7,9	23,4	5	98
D	76,6	100,0	2	100

Abbildung 3.4: Ergebnisse einer ABC-Analyse (Praxisbeispiel)

Im Rahmen einer zielführenden Umsetzung muss sich – wie erwähnt – der strategisch orientierte Einkäufer in erster Linie auf die Bearbeitung der hochwertigen A-Artikel und evtl. B-Artikel konzentrieren, um die sich in diesem Bereich bietenden Einsparungspotenziale zu identifizieren und auszuschöpfen. Bei den geringwertigen C-Artikeln geht es vor allem darum, die Beschaffungsprozesse im Sinne von Lean Buying zu verschlanken, um Kapazität für ertragsstarke Aktivitäten verfügbar zu machen. Dabei sind artikelspezifische Kriterien und Restriktionen zu beachten.

Die aus Abbildung 3.4 erkennbare Verteilung der Verbrauchswerte aller Artikel ist in ähnlicher Weise generell bei Anwendung dieser Strukturierungsmethode anzutreffen. Das nachfolgende Praxisbeispiel 3.1 bestätigt diese Aussage.[50]

---

50) Siehe auch im 4. Abschnitt das Praxisbeispiel 4.1 zur Reduzierung der Lieferantenanzahl.

Beispiel 3.1: Reduzierung der Einzelbestellungen (Praxisbeispiel)

In einem Unternehmen der Fahrzeugindustrie wurden im Zusammenhang mit einer Analyse der Lieferantenstruktur auch die Einzelbestellungen erfasst. Die Datenauswertung ergab die in Abbildung 3.5 wiedergegebene Verteilung aller Einzelbestellungen. Danach fielen in die Kategorie der Kleinbestellungen mit einem Bestellwert bis zu < 1.000,- EUR ca. 64 % aller Vorgänge mit einem Bestellvolumen von insgesamt etwa 5 %. Die strategische Zielrichtung musste daher auf eine Reduzierung der Kleinbestellungen hinauslaufen.

Bestellvolumen		Bestellungen		Bestellvolumen	
>	≤	Anzahl	Prozent	Tsd. €	Prozent
0	50	2.566	11	65	0
50	100	1.856	8	129	0
100	200	2.840	12	406	0
200	500	4.402	19	1.500	2
500	1.000	3.273	14	2.400	3
1.000	5.000	5.387	23	12.400	14
5.000	10.000	1.231	5	9.100	10
10.000	50.000	1.430	6	30.600	34
50.000	100.000	171	1	12.100	13
100.000	500.000	63	0	11.800	13
500.000	1.000.000	8	0	6.800	7
1.000.000	unendlich	3	0	4.100	4
SUMME				91.400	100

Abbildung 3.5: Verteilung des Bestellvolumens (Praxisbeispiel)

3.1.2 Die XYZ-Analyse

Eine Differenzierung des Teilespektrums nach den Mengen-Wert-Anteilen der einzelnen Materialpositionen entsprechend einer ABC-Analyse genügt in der Regel nicht für die Bestimmung der jeweils geeigneten Versorgungsstrategie. Mit der XYZ-Analyse wird daher eine Differenzierung des Artikelspektrums im Hinblick auf die Vorhersagegenauigkeit des Verbrauchs beabsichtigt, die wiederum abhängig ist von dem jeweils eingeschätzten Beschaffungsrisiko, das seinerseits entscheidend beeinflusst wird durch die unterschiedliche Komplexität der zu beziehenden Produkte.

Dabei gilt für

- X-Teile:
  Konstanter Verbrauch, nur gelegentliche Schwankungen, hohe Vorhersagegenauigkeit, d. h. geringes Beschaffungsrisiko;

- Y-Teile:
  Mäßige Verbrauchsschwankungen, mittlere Vorhersagegenauigkeit;

- Z-Teile:
  Unregelmäßiger Verbrauch, niedrige Vorhersagegenauigkeit, d. h. hohes Beschaffungsrisiko.

Als Merkmalsausprägung kann der Schwankungskoeffizient herangezogen werden. Dieser reagiert sehr empfindlich, wenn plötzlich Bedarfsveränderungen nach oben oder unten erfolgen. Er ist bei jedem Rechnerlauf neu zu errechnen. Dabei kann folgende Formel verwendet werden:

$$SQ_i = \frac{n * SQ_i - 1 + SF * (1 - \frac{T_i}{V_i})}{n + 1}$$

SQ = Schwankungskoeffizient
n = Faktor zur Gewichtung für bisher gültige SQ`s
SF = Sicherheitsfaktor (z. B. 1,25)
T = tatsächlicher Verbrauch
V = Vorhersagewert
i = laufende Periode

Um die Einbrüche klassifizieren zu können, werden die SQ-Werte des Vormonats und des laufenden Monats verglichen und die absoluten Abweichungen ermittelt. Die absoluten Abweichungen (SQ-ABW) werden wie bei der ABC-Analyse in absteigender Reihenfolge sortiert und klassifiziert. Die Grenzen der Klassifizierung können auch direkt über den SQ-Wert festgelegt werden.[51]

---

51) Siehe auch vom Verf., Materialwirtschaft, a. a. O., S. 182 ff.

Kennzeichnung	SQ-Wert	SQ-Abweichung
X-Teil	≤ 1.0	≤ 0.3
Y-Teil	≤ 5.0	≤ 1.0
Z-Teil	> 5.0	> 1.0

Abbildung 3.6: Mögliche Parameter für die XYZ-Analyse

Die Berechnung kann auch mithilfe des Variationskoeffizienten[52] oder auf der Basis der mittleren absoluten Abweichung (MAA) erfolgen, für die auch die Abkürzung MAD (Medium absolute Deviation) verwendet wird.[53]

3.2 Zweidimensionale Methoden

Nachfolgend sollen die

- Kombinierte ABC- / XYZ-Analyse,
- Portfolio-Analyse und die
- SWOT-Analyse

skizziert werden. Diese zweidimensionalen Methoden haben mit der Entwicklung zum strategischen Einkaufsmanagement in der Praxis deutlich an Relevanz gewonnen.

3.2.1 Kombinierte ABC- / XYZ-Analyse

Die Vorgehensweise zur Erstellung einer kombinierten ABC- / XYZ-Analyse stellt sich zusammengefasst wie folgt dar:

1. ABC-Analyse aller Artikel nach Verbrauchswerten
2. Ermittlung des Schwankungs- oder Variationskoeffizienten und Klassifizierung auf der Basis definierter Grenzwerte
3. Darstellung in einer Neun-Felder-Matrix

---

[52] Siehe vom Verf., Bestandsmanagement und -controlling, a. a. O., S. 61 ff. und 119 ff.
[53] Siehe Josef Schira, Statistische Methoden der VWL und BWL, Theorie und Praxis, 2. Auflage, München 2005, S. 58.

Diese zweidimensionale Betrachtungsweise erleichtert die Entwicklung und Überwachung zielführender Einkaufs- und Logistikstrategien (vgl. Abbildung 3.7). Danach sollte sich das strategische Einkaufsmanagement auf Bereiche konzentrieren,

- die ein hohes Einkaufsvolumen beinhalten
- die Risikopotenziale für die Sicherstellung der Versorgung beinhalten
- die von hoher strategischer Bedeutung für das Unternehmen sind
- die von starker Markt- oder Technologiedynamik geprägt sind.

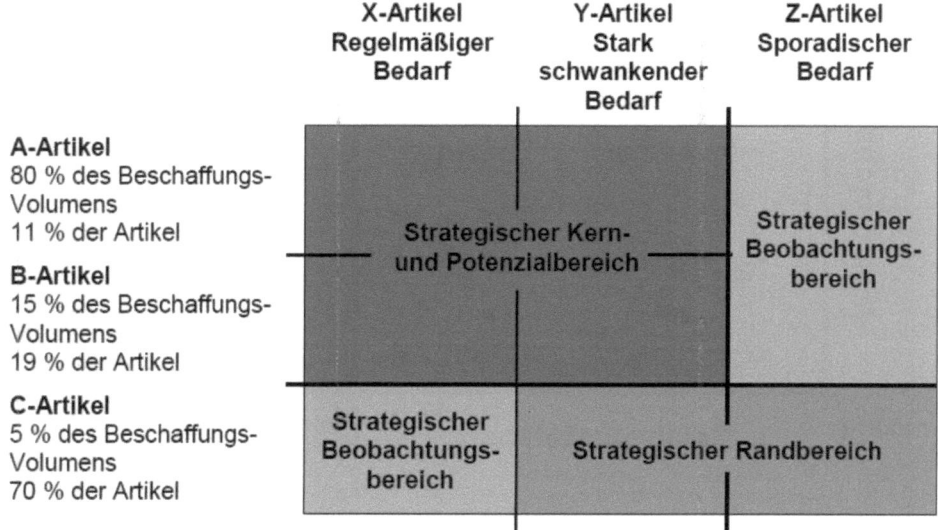

Abbildung 3.7: Einsatz der ABC- / XYZ-Analyse im strategischen Einkaufsmanagement

Insbesondere für Artikel und Artikelgruppen, die dem „Strategischen Randbereich" zugeordnet werden können, sind zur Absicherung möglicher Risiken vorratspolitische Maßnahmen im eigenen Unternehmen oder bei Lieferanten zu treffen. Während CX-Artikel auch als „Selbstgänger" eingestuft werden können und somit im Rahmen eines strategischen Einkaufsmanagements gleichsam bedeutungslos sind, müssen AZ-Artikel als besonders kritisch hinsichtlich einer wirtschaftlich vertretbaren Versorgungssicherheit beurteilt werden, sofern es sich dabei nicht um auftragsgesteuerte Positionen handelt.

3.2.2 Die Portfolio-Analyse

Die ursprünglich für das Finanzmanagement entwickelte Portfolio-Analyse (vgl. Abbildung 3.8) ist mit zunehmender Komplexität der Kunden-Lieferantenbeziehungen für das strategische Einkaufsmanagement nahezu unverzichtbar geworden. Sie muss als integraler Bestandteil der Vorbereitung analytisch fundierter Einkaufsentscheidungen angesehen werden.[54]

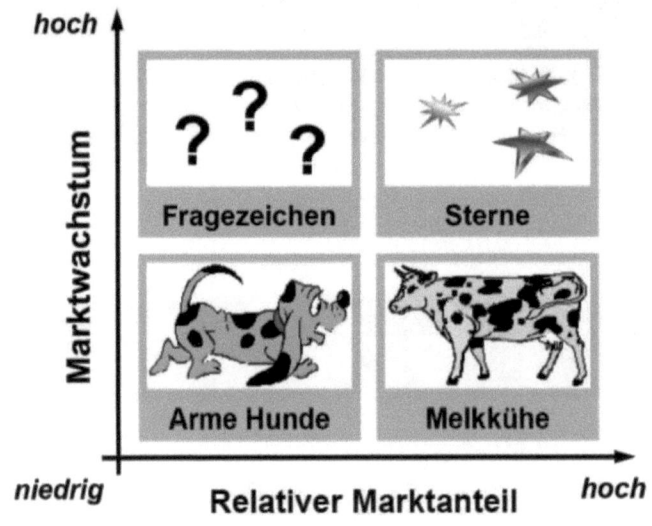

Abbildung 3.8: Portfolio-Analyse im Finanzmanagement

Während die ABC-Analyse nur eine eindimensionale Aussage ermöglicht, ist die Portfolio-Analyse stets zweidimensional strukturiert. So wird bei dem „Marktmacht-Portfolio" auf der waagerechten Achse – der Abszisse – die „ABC-Ausprägung", d. h. das Einkaufsvolumen, und auf der senkrechten Achse das Versorgungsrisiko jeweils mit „niedrig" und „hoch" aufgetragen. Zwischen den beiden Achsen werden vier Quadranten gebildet, die spezifische „Marktmacht" signalisieren. Das in Abbildung 3.9 dargestellte Produktportfolio[55] spiegelt die sich ergebenden unterschiedlichen Marktmachtverhältnisse wider.

---

54) Siehe hierzu und zum Folgenden Heinrich Orths, Einkaufscontrolling als Führungsinstrument, a. a. O., S. 35 ff.
55) Mit dem Produktportfolio hinsichtlich seiner Struktur und den Entscheidungsparametern vergleichbar ist das Lieferantenportfolio.

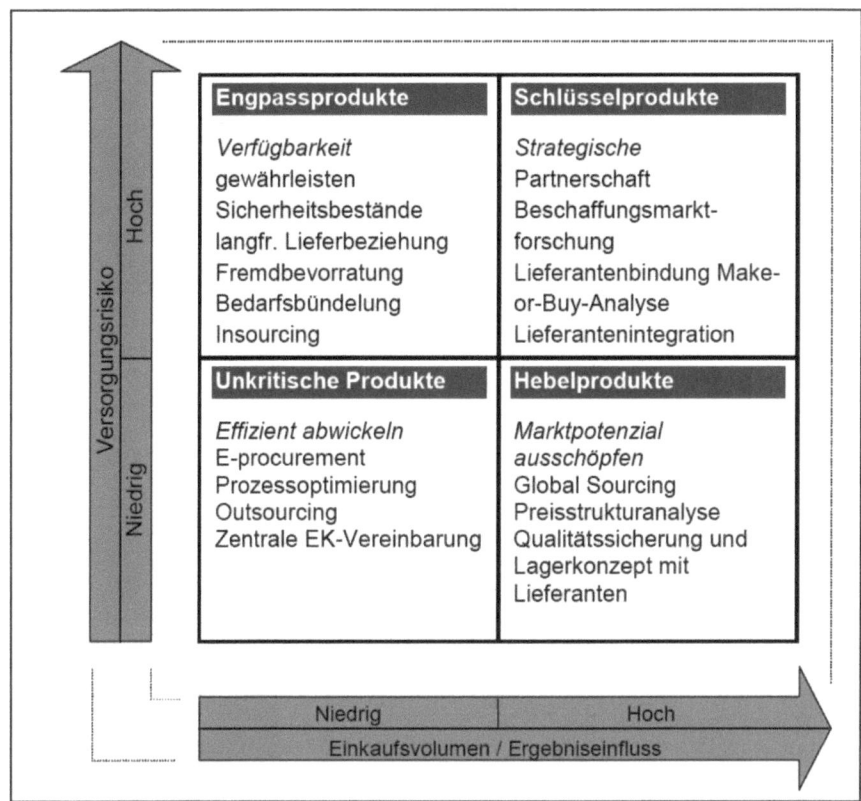

Abbildung 3.9: Produktportfolio

Im Einzelnen sind die den Quadranten zuzuordnenden Produkte und die auf dieser Grundlage abgeleiteten Normstrategien wie folgt zu kennzeichnen:

- Schlüsselprodukte

Bei hohem Wert und hohem Versorgungsrisiko bildet sich der Quadrant „Schlüsselprodukte". In diesem Quadranten sammeln sich Lieferanten bzw. deren Lieferungen oder Leistungen, soweit folgende Kriterien gegeben sind:

→ in der Regel nur ein Lieferant (sogenannter Schlüssellieferant; Key Supplier)
→ beide Seiten sind an Zusammenarbeit interessiert
→ Zusammenarbeit ist langfristig orientiert

→ hoher Integrationsgrad
→ hohes Interesse bezüglich Kosten / Preise
→ gemeinsame Aktivitäten

Für diese Art von Materialien spielen die direkten Kosten die dominierende Rolle. Die auf längere Zeit angelegte Zusammenarbeit ermöglicht aber auch eine Optimierung der Prozesse. Im Allgemeinen findet diese dann wieder in den direkten Kosten ihren Niederschlag. Gemeinsame Maßnahmen können z. B. sein

→ Wertanalyseteams
→ Make-or-Buy-Untersuchungen
→ Standardisierung
→ Bestandssenkungsprogramme
→ EDI (Electronic Data Interchange)

> Schlüsselprodukte sind unter den Produktgruppen die absoluten „Sterne", deren Leuchtkraft in gewisser Weise die Notwendigkeit zu einer Win-Win-Partnerschaft buchstäblich signalisiert.

- Hebelprodukte

Bei hohem Wert und niedrigem Versorgungsrisiko bildet sich der Quadrant „Hebelprodukte". In diesem Quadranten sammeln sich Lieferanten bzw. deren Lieferungen oder Leistungen, soweit folgende Kriterien gegeben sind:

→ Lieferung / Leistung ist problemlos beschaffbar
→ viele auswählbare Lieferanten sind am Markt verfügbar (sogenannte Hebellieferanten, die nicht als „Cash Cows" gehandelt werden sollten!)
→ Wiederbeschaffungszeit ist relativ kurz
→ i. d. R. ist ein „Käufermarkt" gegeben
→ Bedarfsbündelung führt nicht zur Abhängigkeit vom Lieferanten
→ Marktchancen (Spots) können ohne negative Auswirkungen auf Folgebedarf genutzt werden

In diesem Quadranten wird üblicherweise eine „Emanzipationsstrategie" angewendet. Marktchancen werden genutzt. Um die Marktchancen besser ausschöpfen zu können, sind aktuelle Werkzeuge gefragt, wie z. B. Internet-Auktionen.

> Hebelprodukte sind die „Milchkühe", deren Melkergebnis von einer professionellen und kalkulierten „Vorgehensweise" abhängig ist.

- Engpassprodukte

Bei niedrigem Wert und hohem Versorgungsrisiko bildet sich der Quadrant „Engpassprodukte". In diesem Quadranten sammeln sich Lieferanten bzw. deren Lieferungen oder Leistungen, soweit folgende Kriterien gegeben sind:

→ geringwertige Materialien
→ schlecht zu beschaffen
→ Lieferanten sind desinteressiert
→ Konzentration / Verlagerung zu Schlüssellieferanten
→ Materialänderung
→ großzügige Bestandsplanung

Bei diesen geringwertigen Materialien wird in aller Regel eine Problemlösung über großzügige Bestände in Kauf genommen. Verfügbarkeit geht vor Aufwand! Wird nicht rechtzeitig Vorsorge getroffen, steigt der Aufwand für die zeitgerechte Beschaffung erheblich. Das Controlling der Engpassprodukte erfolgt in Zusammenhang mit der Auswertung der Portfolio-Analyse. Ein gesondertes Controlling einzelner Maßnahmen ist kaum sinnvoll.

> Engpassprodukte sind mit einem „Fragezeichen" versehen, auf das als Antwort ein „abgesichertes" Lösungskonzept erwartet wird.

- Unkritische Produkte

Bei niedrigem Wert und niedrigem Versorgungsrisiko bildet sich der Quadrant „unkritische Produkte". Dieser unterscheidet sich von „Hebelprodukten" vor allem durch den Wert und das damit verbundene Interesse. In diesem Quadranten sammeln sich Lieferanten bzw. deren Lieferungen oder Leistungen, soweit folgende Kriterien gegeben sind:

→ Lieferung / Leistung ist problemlos beschaffbar
→ viele auswählbare Lieferanten sind am Markt verfügbar
→ Wiederbeschaffungszeit ist relativ kurz
→ Beschaffung erfolgt meist orientierungslos

→ Preise sind meist von untergeordneter Bedeutung
→ Abwicklungskosten sind im Verhältnis zum Warenwert hoch

Für diese Art von Materialien spielen die Abwicklungskosten eine größere Rolle als der Preis, zumindest sollte dies so sein. In diesem Zusammenhang muss das „C-Teile-Management" gesehen werden, das im Folgenden gesondert beschrieben wird.

> Unkritische Produkte sind „lahme Hunde", an denen aufgrund „ertragsschwächender Bewegungslosigkeit" aus strategischer Sicht kein Interesse besteht.

Auf der Basis des Produktportfolios können somit folgende Normstrategien abgeleitet werden:

- Schlüsselprodukte
    - Technisch zusammenarbeiten
- Hebelprodukte
    - Marktpotenziale ausschöpfen
- Engpassprodukte
    - Verfügbarkeit gewährleisten
- Unproblematische Produkte
    - Effizient abwickeln (C-Teile-Management).

Es kann kein Zweifel daran bestehen, dass im konkreten Anwendungsfall die Normstrategien unter Berücksichtigung der unternehmensinternen und -externen Rahmenbedingungen lieferantenspezifisch umzusetzen sind. So können zielorientierte Lieferantenstrategien darauf hinauslaufen, dass

- ein „unkritisches Produkt" durch Modularisierung zum Schlüsselprodukt avanciert oder
- ein Engpassprodukt durch Standardisierung und Bedarfsbündelung in der Matrix zum Hebelprodukt wird.

In diesem Zusammenhang kann auch die Fragestellung auftreten:

→ Was sollte sich hinsichtlich der Kunden-Lieferantenbeziehungen ändern? Was können wir aus der Sicht des Einkaufs ändern?

Als Erfolgskriterien können u. a. in Betracht kommen:

- Zuverlässigkeit der Lieferanten
- Prozesssicherheit / Qualitätsfähigkeit
- Informationsbereitschaft / Kommunikation
- Unternehmensübergreifende Zusammenarbeit (Kollaborationsmodell)
- Integrationsbereitschaft (Einbindung in den Produktentstehungsprozess)
- Vertragslaufzeit
- Frühwarnsysteme

Auf der Grundlage des Portfolio-Ansatzes sind die in Betracht zu ziehenden Erfolgskriterien hinsichtlich der

- Einflussnahme durch den Einkauf und
- der Bedeutung für das (eigene) Unternehmen

zu beurteilen und den Quadranten entsprechend zuzuordnen. Die Grundstruktur des Portfolios ist nachstehend abgebildet:

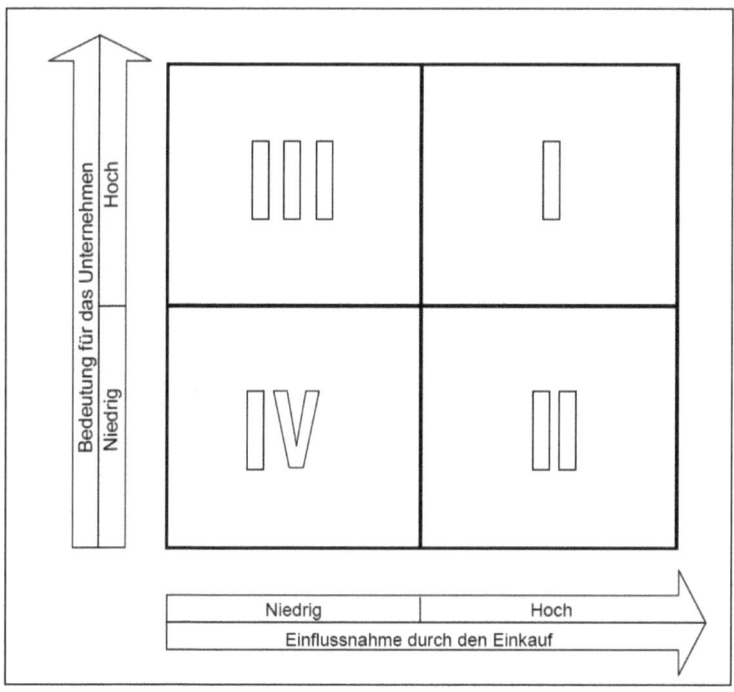

Damit wird deutlich, dass die Portfolio-Analyse vielfältig einsetzbar ist. Dabei kann auch nach „Wichtigkeit" und „Dringlichkeit" definierter Erfolgsfaktoren (s. Abb. S. 97) unterschieden werden, wobei „Wichtigkeit" – gemessen an der wirtschaftlichen Relevanz – die „Dringlichkeit" ausschließt! Mit anderen Worten: Die Umsetzung bestimmter Erfolgsfaktoren – wie z. B. die Informationsbereitschaft – kann zwar als dringlich angesehen werden, ist aber nicht von unmittelbarer wirtschaftlicher Bedeutung.

3.2.3 SWOT-Analyse

Die SWOT-Analyse (Strengths / Weaknesses – Possibilities / Threats) Stärken / Schwächen – Möglichkeiten / Einschränkungen ist eine der wichtigsten Grundlagen strategischer Planungsprozesse im Einkauf. Sie identifiziert durch eine Analyse der Ressourcensituationen Handlungsspielräume in Gegenwart und Zukunft:

> Die SWOT-Analyse stellt somit eine Methode zur Situationsanalyse und zur Strategiefindung dar. In ihr werden die Stärken-Schwächen-Analyse und die Möglichkeiten-Einschränkungen-Analyse vereint. Strengths, Weaknesses, Possibilities und Threats bilden in Paaren vier Strategien, auf die im Folgenden noch eingegangen werden soll.

1. <u>Strategiefindung</u>

Zunächst werden alle Informationen für die beiden zugrunde liegenden Analysen benötigt. Da die Stärken, Schwächen, Möglichkeiten und Einschränkungen eingeschätzt werden sollen, ist es sinnvoll, diese Arbeit in einem Team zu lösen. Dadurch können subjektive Einschätzungen weitgehend unterbunden werden. Aus Gründen der Systematik ist es zweckmäßig, in einem ersten Schritt die Stärken und Schwächen z. B. des strategischen Einkaufs herauszukristallisieren, festzuschreiben und darzustellen.

Als Analyse-Objekt des strategischen Einkaufs kommen u. a. in Betracht:

– Organisation
– Aufgaben
– Mitarbeiter/-innen
– Lieferantenbeziehungen
– ...

Die Ergebnisse einer Stärken-Schwächen-Analyse können in Form eines Kontos (vgl. Abbildung 3.10) oder als Stärken-Schwächen-Profil dargestellt werden. Diese Darstellungsform setzt voraus, dass die erkannten Stärken und Schwächen des betreffenden Analyse-Objektes hinsichtlich ihrer Ausprägung bewertet werden.

Stärken des strategischen Einkaufs wie z. B.:	Schwächen des strategischen Einkaufs wie z. B.:
• Kooperative Zusammenarbeit z. B. im Rahmen gemeinsamer Wertanalyse-Projekte mit den 10 umsatzstärksten Spitzenlieferanten • Aktive Unterstützung zur Qualifizierung ausgewählter Lieferanten in den asiatischen Schwellenländern u. a. durch Workshops und Beratungsaktivitäten vor Ort • Abwicklung unkritischer C-Teile durch Dienstleister • Abschluss von Vorverträgen im Rahmen von Forward-Sourcing-Aktivitäten • ...	• Konstruktive oder technologische Abhängigkeit von Kunden oder Lieferanten (Systemverbund) • Ungenutztes technologisches Know-How von Schlüssellieferanten aufgrund zu später Einbindung in den Produktentwicklungsprozess • Eingeschränkte Möglichkeiten der Abwehr von Preiserhöhungsforderungen aufgrund mangelnder Kostentransparenz • Unsystematisches präventives Risikomanagement • ...

Abbildung 3.10: Stärken-Schwächen-Analyse: Lieferantenbeziehungen als Beispiel (Optimierung des Lieferantenportfolios als Soll-Zustand)

Bei der Gegenüberstellung der beiden Analysen in einer Matrix (vgl. Abbildung 3.11) sollte beachtet werden, dass sich Schwächen und Stärken gegenseitig bedingen können. So führen langfristige Partnerschaften mit Lieferanten (Vorteil) zwangsläufig zu einer gewissen Abhängigkeit (Nachteil).

SWOT – Analyse		Interne Analyse	
		Strengths = Stärken	Weaknesses = Schwächen
Externe Analyse	Possibilities = Möglichkeiten	SP: Stärken nutzen => Möglichkeiten nutzen	WP: Schwächen abbauen => Möglichkeiten nutzen
	Threats = Einschränkungen	ST: Stärke nutzen => Einschränkungen vorbeugen	WT: Schwächen abbauen => Einschränkungen vorbeugen

Abbildung 3.11: Matrix zur SWOT-Analyse

2. Strategiebildung

SP-Strategien: Aufgrund der Stärken sollen dementsprechend neue Chancen bzw. Möglichkeiten verfolgt werden.

ST-Strategien: Die Stärken sollen genutzt werden, um Risiken bzw. Gefahren, die das Unternehmen bedrohen, zu entschärfen.

WP-Strategien: Indem die Schwächen abgebaut werden, sollen neue Chancen bzw. Möglichkeiten genutzt werden, also Einschränkungen sollen in Chancen umgewandelt werden.

WT-Strategien: Durch den Abbau vorhandener Schwächen soll verhindert werden, dass sich diese zu Einschränkungen entwickeln.

Zu beachten ist:

- SWOT-Analysen sollten nicht abstrakt durchgeführt, sondern auf ein Ziel (Soll-Zustand) bezogen werden.
- SWOT-Analysen beschreiben Zustände und sollten mit möglichen Strategien (Handlungsalternativen) nicht verwechselt werden. Um diesen Fehler zu vermeiden, sollte man bei Chancen an „günstige Bedingungen" und bei Einschränkungen an „ungünstige Bedingungen" denken.
- Bei SWOT-Analysen werden keine konkreten Maßnahmen beschlossen und deren Umsetzbarkeit „durchgespielt".
- Bei SWOT-Analysen wird keine Priorisierung vorgenommen. Um zu einer weitgehend abgesicherten Strategiebildung zu gelangen, sollte die Szenario-Technik angewendet werden.

Durch die ausführliche Beschäftigung mit Stärken, Schwächen, Möglichkeiten und Einschränkungen des strategischen Einkaufs wird die Basis für eine an die Unternehmenssituation angepasste Ableitung von Strategien geschaffen.

4. Lieferantenkooperation und -entwicklung: Möglichkeiten erfolgreicher Zusammenarbeit

Geschäftsbeziehungen werden über Sachen (Produkte) und Leistungen vereinbart, aber von Menschen ausgeführt.

Auch in Zeiten, als die Beschaffung noch einfacher, die Märkte noch nicht globalisiert und die Aufgaben überschaubar waren, haben die Einkäufer/-innen die Geschäftsbeziehungen mit ihren Lieferanten und Dienstleistern im Interesse des eigenen Unternehmens erfolgreich gestaltet. Doch in den zurückliegenden Jahren sind die Rahmenbedingungen vielschichtiger und umfassender geworden. Internationalisierung, Wettbewerb, Arbeitsteilung und Ertragszwang verlangen im Sinne von Supplier Relationship Management (SRM) zunehmend ein systematisches, kommunikatives und nachhaltiges Management der Lieferantenbeziehungen.

Die damit im Einkauf verbundenen Aufgaben und Strategien haben somit einen hohen Stellenwert erhalten. Gleichwohl ist nicht auszuschließen, dass im SRM in erster Linie die Möglichkeit zur Aufwandsreduzierung und nicht zur Optimierung der Versorgungskette im Interesse der Kundenbedürfnisse gesehen wird.

Man kann bei diesem Thema nicht die unmittelbare Umsetzbarkeit erwarten, zumal den Einkäufern der Sinngehalt von SRM in der Regel nicht oder nur unzureichend vermittelt wird. Dessen ungeachtet ist zu erwarten, dass dieses „äußerst kritische" Thema an Relevanz gewinnen wird, und die Einkäufer zu Verhaltensänderungen gezwungen sind.

4.1 Lieferantenmanagement ist Beziehungsmanagement

Aufgrund der skizzierten Veränderungen reicht es nicht mehr aus, ausschließlich die internen Wertschöpfungsprozesse zu optimieren. Vielmehr hat die Gestaltung der Lieferantenbeziehungen als unternehmensübergreifendes Wertkettenmanagement an Bedeutung gewonnen.

Auch ist – wie erwähnt – nicht zu erkennen, dass Lieferantenmanagement in erster Linie als „Lieferantenbeziehungsmanagement" (LBM) zu verstehen ist.

> Nicht die Lieferanten, sondern die Beziehungen zu den Lieferanten sind zu „managen". [56]

Das aber setzt Problembewusstsein auf beiden Seiten voraus, da Beziehungen durch Fehlverhalten eines jeden Partners belastet werden können, unabhängig davon, ob dieser auf der Kunden- oder Lieferantenseite positioniert ist.

> Es geht nicht nur darum, etwas liefern oder leisten zu lassen, sondern auf der Basis der vertraglichen Vereinbarungen und Ziele bestmöglich zum gegenseitigen Vorteil zu kooperieren.

Von Kosten- und Flexibilitätsvorteilen über die Reduzierung von Risiken bis zur Erschließung neuer Märkte durch Wertschöpfungsnetzwerke lassen sich Unternehmenswerte bei allen beteiligten Partnern steigern. [57] Die Steuerung der Supply Chain entwickelt sich zu einem wettbewerbsrelevanten Entscheidungsfaktor. Wesentlich dabei ist, mit den Lieferantenpartnern in einen konstruktiven Dialog zu treten und ein „Lehrer-Schüler-Verhältnis" zu vermeiden.

> Zweifellos ist vor diesem Hintergrund eine andersartige persönliche und soziale Kompetenz der Einkäufer gefordert. Die übliche Haltung, „Trumpfkarten im Ärmel zu halten", um den Lieferanten damit „über den Tisch zu ziehen", führt zum Scheitern von LBM!

Es ist also eine erhebliche Vorarbeit zu leisten, bevor die Umsetzung des skizzierten Konzepts angegangen werden kann.

Mit Loyalität wird Verpflichtung praktiziert und Vertrauen begründet.

Allgemeine Erklärungen zur Unternehmens- und / oder Lieferantenpolitik sowie Richtlinien für das Verhalten im Markt gegenüber Lieferanten und Dienstleistern sind in dieser Hinsicht nur begrenzt hilfreich. Wie die Praxis jedoch zeigt, sind Verhaltensänderungen der Mitarbeiter/-innen vor allem über deren Einkommen herbeizuführen, z. B. in Form von Zielvereinbarungen für den variablen Gehaltsanteil.

> Vertrauen zu schaffen, muss im LBM primäres Ziel sein!

---

[56] Insofern ist der anglikanische Begriff „Supplier Relationship Management" (SRM) eindeutiger in der Aussage. – Siehe vom Verf., Lieferantenmanagement, a. a. O., S. 22.
[57] Siehe Gerd Kerkhoff u. a. Einkaufsagenda 2020, a. a. O., S. 187.

Der zwischenbetriebliche Informationsaustausch, die zwischenbetriebliche Kommunikation sind daher als kritische Erfolgsfaktoren für die Kunden-Lieferantenbeziehungen anzusehen. Gleichwohl wird diesem noch zu wenig Beachtung geschenkt und der Informationsaustausch häufig ohne Konzept betrieben. Die Alltäglichkeit der Kommunikation verstellt offensichtlich bei vielen Mitarbeiter/-innen im Einkauf – wie auch in anderen Bereichen – den Blick dafür, dass Kommunikation ein komplexer Prozess ist, der systematisch gestaltet werden muss.

Die grundsätzlich strategischen Fragen im Lieferantenbeziehungsmanagement sind:

→ Mit welchen Lieferanten wollen wir zusammenarbeiten?
→ Auf welchen Gebieten (z. B. der Produktentwicklung) soll die Zusammenarbeit initiiert oder intensiviert werden?
→ Wie sollen die Lieferantenbeziehungen ausgestaltet werden (z. B. in Form gemeinsamer Zielvereinbarungen, unternehmensübergreifender Teambildung etc.)?
→ Unter welchen Voraussetzungen sollte eine Weiterqualifizierung eines Lieferanten in die Wege geleitet und vom Unternehmen durch Support-Maßnahmen unterstützt werden (Lieferantenentwicklung)?
→ Welche unternehmensinternen Funktionen (z. B. Entwicklung, Logistik) sind zu beteiligen?

Als Lieferantenstrategien werden in der Einkaufspraxis vor allem die nachstehend aufgelisteten Ansätze verfolgt:

- Optimierung des Lieferantenportfolios z. B. nach
  - Anzahl der Lieferanten
  - Qualifikation (Ergebnis der Lieferantenbewertung)
  - strategischer Bedeutung

- Optimierung der Lieferantenbeziehungen z. B. durch
  - gemeinschaftliches Prozessmanagement
  - unternehmensübergreifendes Bestandsmanagement
  - gemeinsam durchgeführte Beschaffungsmarktforschung
  - gemeinsame Entwicklung (Lieferantenintegration)
  - einheitliche Plattformen und Kataloge im E-Business
  - Erfahrungs- und Informationsaustausch

- Verbesserung der Lieferleistung durch
  - Eigenoptimierung
  - Support-Maßnahmen

Die Festlegung und Umsetzung von Lieferantenstrategien ist ein kontinuierlicher Prozess, der unter Beachtung der sich verändernden internen und externen Rahmenbedingungen grundsätzlich zielführend ausgerichtet sein sollte. Mit anderen Worten: Die Lieferantenfestlegung sollte nicht – wie in der Praxis durchaus anzutreffen ist – in der Weise ablaufen, dass die Technik oder Entwicklung kostenpflichtige Muster bestellt, die Rechnung eingeht, der neue Lieferant aufgenommen wird, um die Rechnung bezahlen zu können.

Es ist erkennbar, dass

- Einkäufer und Logistiker sich vorzugsweise als Beziehungsmanager verstehen und
- Lieferantenpartner nicht als Zulieferanten, sondern als Wertschöpfungs- und Long Life-Partner betrachtet und entsprechend behandelt werden müssen.

4.2 Optimierung der Lieferantenanzahl

Eine intensive Zusammenarbeit kann nicht mit beliebig vielen Lieferanten herbeigeführt werden und in aller Regel sind auch nicht alle vorhandenen Lieferanten hierzu bereit und in der Lage. Es muss also ein Selektionsprozess initiiert werden, der über die Konsequenzen aus der Lieferantenbewertung deutlich hinausgeht.

Die Anzahl der Lieferanten ist meistens von der Marktlage bestimmt. Demzufolge gibt es für Material- und Leistungsgruppen, für die es viele Anbieter gibt, auch viele Lieferanten. So wird also in Bereichen, in denen schon reichlich Wettbewerb besteht, die eigene Nachfragemacht durch Aufsplittung des Bedarfs geschmälert. Damit vergleichbar sind die Auswirkungen von Produktinnovationen auf der Anbieterseite wie auch auf der Kundenseite auf die Lieferantenanzahl.

Wenn man fragt, warum so viele Lieferanten einer bestimmten Materialgruppe vorhanden sind, dominieren folgende Antworten:

- Vorliegende Angebote haben zur Aufteilung des Bedarfs geführt. Wir haben doch nichts zu verschenken!

- Es sind mehrere Lieferanten vorhanden, damit wir austauschen können, wenn es mit einem Lieferanten einmal Probleme gibt. Sicherheit muss sein!
- Wenn ein Lieferant uns Schwierigkeiten macht, wollen wir sofort wechseln können. Wir wollen unabhängig sein!

Das nachfolgende Praxisbeispiel veranschaulicht eindrucksvoll die Problematik aufgeblähter Lieferantenstrukturen und lässt Rückschlüsse auf typische „Mengentreiber" zu.

Beispiel 4.1: Reduzierung der Lieferantenanzahl – Praxisbeispiel einer Datenauswertung

In einem Unternehmen der Fahrzeugindustrie wurde in Zusammenhang mit der Reorganisation des Einkaufs in strategische und operative Aufgabenbereiche und der damit verbundenen Neuausrichtung der Kunden-Lieferantenbeziehungen eine Reduzierung der Lieferantenanzahl angestrebt, um den Mitarbeitern/-innen eine Konzentration auf die strategisch wichtigen Lieferanten zu ermöglichen. Angestrebt wurde zugleich eine Optimierung des Lieferantenportfolios. Darüber hinaus wurden durch Bündelung der Bedarfe Einsparungseffekte in erheblichem Umfang erwartet.

Nach einer detailliert durchgeführten Potenzial-Analyse ergab die Datenauswertung das in Abbildung 4.1 dargestellte Bild zur Verteilung des Bestellvolumens, sortiert nach zahlenmäßig abgegrenzten Lieferantenkategorien.

Bestellvolumen (€)		Lieferanten		Bestellvolumen	
		Anzahl	Prozent	Tsd. €	Prozent
Größer	1.000.000	39	2	Aa	67
	500.000	81	4	Bb	79
	250.000	122	6	Cc	86
	100.000	216	11	Dd	92
	50.000	316	16	Ee	95
	25.000	461	24	XX	97

Bestellvolumen (€)		Lieferanten		Bestellvolumen	
		Anzahl	Prozent	Tsd. €	Prozent
Kleiner	50	36	2	Ff	0
	100	78	4	Gg	0
	250	205	11	Hh	0
	500	347	18	Ii	0
	1.000	535	28	YY	0
	5.000	1.042	54	Jj	1
	10.000	1.234	64	Kk	1
	25.000	1.457	76	Ll	3
	Insgesamt	1.918	100	ZZ	100

Abbildung 4.1: Verteilung des Bestellvolumens nach Lieferantenkategorien (Praxisbeispiel)

Der Datenauswertung zufolge erzielten

- 24 % der Lieferanten (= 461) insgesamt 97 % des Umsatzes
- 28 % aller Lieferanten wiesen einen Umsatz < EUR 1.000,– aus.

Die Klassifizierung aller Lieferanten im Sinne der ABC-Analyse zeigte die sich in Abbildung 4.2 widerspiegelnde typische Verteilung:

Klasse	Anzahl der Lieferanten in %	Bestellvolumen in %
A	4	79
B	20	18
C	76	3
Summe	100	100

Abbildung 4.2: ABC-Verteilung aller Lieferanten nach Umsatzanteil / Bestellvolumen (Praxisbeispiel)

Eine in Ergänzung dazu durchgeführte Analyse aller Bestellwerte ergab, dass der Auftragswert bei zwei Drittel aller Bestellungen < EUR 1.000,– lag (s. Abbildung 4.1). Der hohe Anteil von C-Lieferanten war damit im Wesentlichen als Folge dieses hohen Anteils von Kleinbestellungen anzusehen.

Grundsätzlich muss die Frage gestellt werden, wie viele Lieferanten für jede einzelne Material- und Leistungsgruppe „jetzt und in Zukunft" (!) benötigt werden. Dabei sind die internen und externen Rahmenbedingungen zu beachten.

> In diesem Zusammenhang sollte es nicht das primäre Ziel sein, nur die Anzahl der Lieferanten zu reduzieren. Vielmehr sollte die Strategie des Einkaufs auf eine Lieferantenoptimierung hinauslaufen.

Schematisch kann der mit der Lieferantenoptimierung verbundene Selektionsprozess wie folgt beschrieben werden (vgl. Abbildung 4.3):[58]

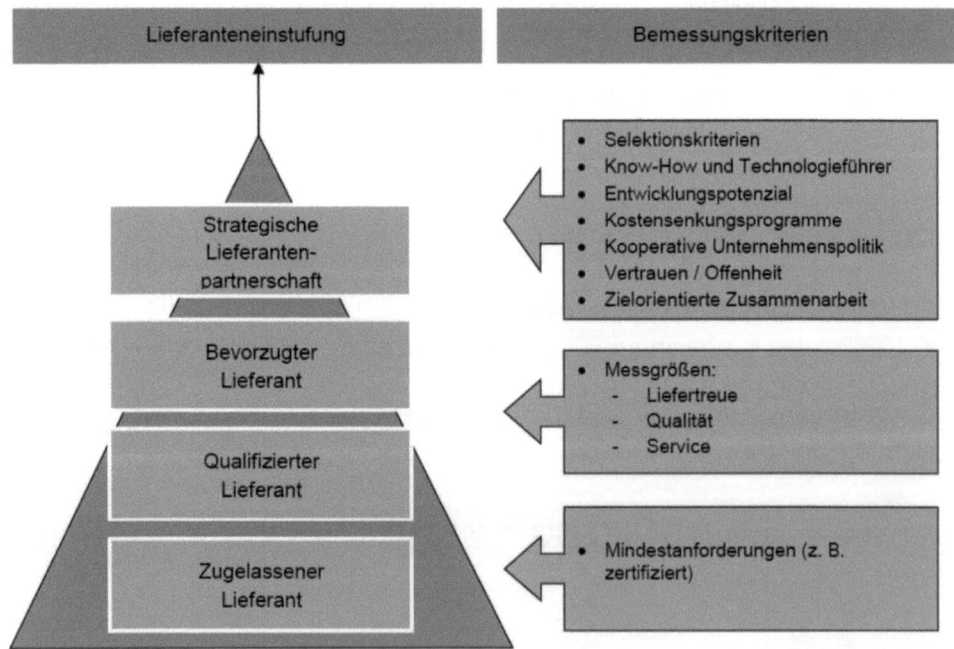

Abbildung 4.3: Lieferantenpyramide

---

58) Siehe vom Verf., Lieferantenmanagement, a. a. O., S. 85 f.

Erläuterung:

1. Ausgangspunkt und Lieferantenbasis sind die zur Zeit zur Lieferung zugelassenen Lieferanten (Stufe 0).
2. Aus dieser „Lieferantenmasse" werden die Lieferanten ermittelt (qualifizierte Lieferanten), die bereits Lieferungen geleistet haben und bewertet wurden und sich im Sinne der ABC-Analyse als die umsatzstärksten herausgeschält haben (Stufe 1).
3. Aus dieser Lieferantengruppe werden die Lieferanten herausgefiltert, die das Potenzial haben oder erreichen können, um strategische Lieferanten zu sein oder zu werden. Soweit aufgrund strategisch ausgerichteter Lieferantenpolitik oder eingeschätzter Versorgungsrisiken erforderlich, wird der Kreis der bereits vorhandenen Lieferanten durch neue Lieferanten ergänzt (Stufe 2).
4. Aus diesem optimierten Kreis der bevorzugten Lieferanten werden die „strategischen Lieferanten" (Lieferantenpartner) ermittelt (Stufe 3).

Beispiel 4.2: Abgestufter Lieferantenqualifizierungsprozess
(Praxisbeispiel)

Das Unternehmen wurde 1998 als „spin-off" der damaligen LINNIG Antriebstechnik GmbH in Markdorf am Bodensee gegründet. Zu den Produkten gehören innovative Lösungen von elektromagnetischen Lüfter- und Wasserpumpenkupplungen für den Nutzfahrzeugbereich. Das Leistungsspektrum umfasst die Entwicklung und Erprobung, die Definition der Prozessketten und Prozesstechnologien sowie die Supply Chain, Produktion, Endmontage und das Qualitätsmanagement. Im Jahr 2011 erhielt das Unternehmen den 1. Platz beim Innovationswettbewerb des Landes Baden-Württemberg. Seit Juli 2013 ist LICOS Trucktec (LTT) Teil der Concentric Gruppe und somit ein wichtiger Baustein der globalen Präsenz der Gruppe. Das Einkaufsvolumen, d. h. der Materialanteil liegt bei etwa 50 % des Einkaufsvolumens. In etwa 80 % des Einkaufsvolumens entfallen – was typisch ist – auf ca. 20 % der Lieferanten.

Der Einkauf ist integraler Bestandteil der Supply Chain Ausrichtung des Unternehmens. Er ist der Geschäftsführung direkt unterstellt. Die drei Mitarbeiter/-innen sind vorwiegend im umfangreichen operativen Tagesgeschäft tätig, nehmen darüber hinaus aber auch strategische Aufgaben wahr. Diese sind im Wesentlichen darauf ausgerichtet, die Lieferzuverlässigkeit mittel- und langfristig auf hohem Niveau bei gleichzeitiger Optimierung der Bestände zu gewährleisten und innovative Potenziale selektierter Kooperationspartner auszuschöpfen.

Das Unternehmen konzentriert sich auf wenige Kernkompetenzen. Lieferanten und Partnerfirmen spielen daher eine besondere Rolle und müssen sich durch Kompetenz, Kreativität, Innovation und einen hohen Qualitätsstandard auszeichnen.

Der Lieferantenqualifizierungsprozess muss diesem anspruchsvollen Ziel von Anbeginn Rechnung tragen. So erfolgt in der ersten Prozessstufe – dem L1 Review – die Vorauswahl eines potenziellen Lieferpartners auf der Grundlage des nachstehend aufgelisteten umfangreichen Kriterienkatalogs:

- Selbstauskunft[59] des Lieferanten liegt vor und ist zufriedenstellend
- Zertifikate ISO 9001, ISO TS 16494, ISO 14001 liegen gültig vor
- Die LTT (LICOS Trucktec)-Einkaufsbedingungen sind verhandelt und unterschrieben
- Die LTT-QSV sind verhandelt und unterschrieben
- Die Werkzeugverträge sind verhandelt
- Evtl.: Projektspezifische Anforderungen werden erfüllt
- Evtl.: Die Anfrage wird technisch und kommerziell erfüllt
- Evtl.: Erstes Lieferpartneraudit erfolgreich
- Cost break down / Materialteuerungszuschlag möglich
- Fähigkeit zur längerfristiger Festpreisgarantie
- Absicherung von Abrufschwankungen von ± 30 % / Consi-Lager[60]
- Fähigkeit zur 0-Fehler-Anlieferungsquote (keine WE-Kontrolle bei LTT) sichergestellt
- Supply Market Steckbrief vorhanden
- Alternative L2 Lieferpartner vorhanden

Der Beschluss zur Freigabe für den L2 Status wird vom Review-Team, in dem Einkauf und Qualitätsmanagement vertreten sind, erteilt, wenn alle in Betracht zu ziehenden Kriterien mit „Ja" beantwortet werden konnten. Bei Beantwortung eines Kriteriums mit „Nein" ist eine Begründung erforderlich, sofern der Lieferant weiterhin betrachtet werden soll. Diese Regelung gilt für alle Status- bzw. Beschlussphasen des Qualifizierungsprozesses.

---

59) Die Lieferantenselbstauskunft (kurz: Selbstauskunft) stellt in der Einkaufspraxis eine durchaus häufig anzutreffende Informationsquelle dar. – Siehe dazu Horst Hartmann / Heinrich Orths / Nina Kössel, Lieferantenbewertung – aber wie?, a. a. O., S. 58 ff. und S. 143 ff.

60) Das Konsignationslager (abgekürzt: Consi-Lager) stellt eine Variante der Lagerstrategie dar, bei der der Lieferant / Dienstleister Eigentümer der beim Kunden lagernden Ware bleibt. Nach physischer Warenentnahme geht das Eigentum an den Kunden über. Besonders wirkungsvoll wird diese Strategie, wenn sie mit VMI verknüpft wird. Der Lieferant / Dienstleister erhält sodann Zugriff auf das ERP-System des Kunden und disponiert eigenhändig innerhalb definierter Regeln und Grenzen die Bestände und Nachlieferungen. – Siehe im Einzelnen vom Verf., Bestandsmanagement und -controlling, a. a. O., S. 87 ff.

Die nachstehend aufgeführten Kriterien muss ein Lieferant im Rahmen des L2 Reviews erfüllen, um den L3 Status und damit die Freigabe als Serienlieferant zu erhalten:

- Komplettes Lieferantenaudit ist erfolgt, Ergebnis positiv
- Werkzeugfreigabe durch LTT erfolgt
- Werkzeugfallende Teile entsprechen der Zeichnung (Freigabe Qualitätsabteilung)
- Prozesssicherheit / Fähigkeitsnachweis erbracht
- Teilebezogene Erstmusterfreigabe erfolgt
- Datenaustausch-System definiert?
- Qualitätsservice,[61] Dokumentenbereitstellung etc.
- Kommunikation funktioniert auf allen Ebenen
- Projektfortschritt nach Terminplan
- Produktions-Fehlermöglichkeitseinflussanalyse
- Kommerzielle Einigung (Preis, Mehrjahresvertrag, Cost break down, price ratio etc.)

Dem L1 und L2 Review schließen sich 3 weitere Stufen des Lieferantenqualifizierungsprozesses an. Dieser wird somit unterteilt in insgesamt fünf Kategorien, und zwar von L1 (Lieferanten im Anfrageprozess / Vorauswahl) und L2 (Prozess zur Entscheidung über Freigabe als Serienlieferant) über L3 (Qualifizierte Lieferanten in voller Übereinstimmung mit den Unternehmensvorgaben / regelmäßige Lieferantenaudits, Bewertungen) und L4 (Review bei Soll-Ist-Abweichungen / Eigenoptimierung oder Outphasen) bis hin zu L5 (Lieferanten, die sich in der Phase Out-Status befinden). Auf der Basis des L4 Reviews wird somit die Entscheidung getroffen, ob es mit L3 oder mit L5 weiter geht. Im Einzelnen ist vom Review-Team abzufragen:

- Welche Punkte von L1 bis L3 haben zu L4 geführt?
- Ist Verbesserung in der Performance erkennbar?
- Freigabe durch einen Alternativlieferanten eines LTT-Kunden?
- Ersatz für den Lieferpartner? (Ersatzlieferpartner qualifiziert?)
- Lieferpartner ...

Die Maßnahmen, die zur Umsetzung des jeweils getroffenen Beschlusses erforderlich sind sowie die Review-Termine für L3 bzw. L5, werden vom Review-Team festgelegt. Die Überwachung der beschlossenen Aktionen erfolgt durch das Qualitätsmanagement.

---

61) Unter Qualitätsservice ist der ganzheitliche Umgang mit den Qualitätsanforderungen sowie die nachhaltige Qualität des Produktes, aber auch in gleichem Maße die Dokumentation und die Fehler-Früherkennung zu verstehen.

Sofern vom Review-Team der Beschluss gefasst wurde, den betroffenen Lieferanten auszusondern, sind im Rahmen des L5 Reviews nachstehend aufgelistete Punkte zu beachten:

- Werkzeugeigentum / -verbleib geklärt
- Alle offenen Rechnungen bezahlt
- Material abverkauft / übergeben
- Lieferpartner Änderung angezeigt?
- Freigabe von den betroffenen Kunden
- Teil im ERP gesperrt

Als charakteristische Merkmale des abgestuften Lieferantenqualifizierungsprozesses sind somit insbesondere hervorzuheben:

- Die Zulassung eines Lieferanten zum Serienlieferant unterliegt durch die im L1 und L2 Review festgeschriebenen Kriterien einem strengen Regelwerk.
- Die regelmäßige Bewertung der Serienlieferanten erfolgt im L3 Review nicht nur auf der Grundlage der klassischen Kriterien wie Preis-, Termin- und Qualitätszuverlässigkeit sowie Flexibilität hinsichtlich Termin- und Qualitätsveränderungen, sondern berücksichtigt darüber hinaus auch relevante unternehmenspolitische Kriterien wie Prozesssicherheit, Qualitätsservice und innovative Fähigkeit.
- Der im L4 und L5 Review festgelegte Aussonderungsprozess eines Serienlieferanten fordert im Wesentlichen eine Antwort auf nachstehende Fragestellungen heraus:
  - Welche Ursachen haben zu der Situation geführt, dass entschieden werden muss, ob die Kooperation mit dem Serienlieferanten fortgeführt werden kann oder nicht?
  - Welche alternativen Lösungsmöglichkeiten sind gegeben und umsetzbar?
  - Welche Regelungen / Restriktionen sind beim endgültigen „Out" zu beachten?
- Erkennbare Versorgungsrisiken sind durch präventive Maßnahmen wie durch die Einrichtung eines Konsignations- oder Pufferlagers sowie durch gezielte Second Source Politik abgemildert.
- Die Bewertung der jeweils aufgelisteten Kriterien erfolgt vom Review-Team nach der Fragebogenmethode mit „Ja oder Nein".
- Das Review-Team setzt sich in der Regel aus dem Einkauf und dem Qualitätsmanagement zusammen und trifft gemeinsam die jeweils anstehenden Entscheidungen.

Grundsätzlich sind im Rahmen der Ist-Aufnahme und der Festlegung des Soll-Zustandes folgende Fragen zu beantworten:

1. Für welche Material- oder Dienstleistungsgruppen ist welcher strategische Einkäufer verantwortlich?
2. Welche bzw. wie viele Lieferanten oder Dienstleister zählen zu diesen Gruppen?
3. Wie viele Lieferanten / Dienstleister sind zur Erfüllung der Aufgaben wirklich erforderlich?
4. Welche Lieferanten / Dienstleister sind jeweils die „Best-of-Class"?
5. Inwieweit – unter welchen Voraussetzungen – ist Single Sourcing vertretbar?
6. In welchen Fällen sind alternativ Angebote einzuholen?

Darüber hinaus sollten potenzielle Lieferantenpartner umfassend hinsichtlich ihrer Ertrags- und Finanzkraft (Bonität) eingeschätzt werden. Als ideale Voraussetzung ist dazu – wie in Abschnitt 5 dargestellt – eine Analyse wichtiger Bilanzkennzahlen erforderlich.[62] Lieferantenseitig sollte im Rahmen einer langfristig angelegten Partnerschaft die Bereitschaft bestehen, im Sinne einer „Open Book Policy" dem Kunden / Einkäufer die entsprechenden Unterlagen wie Jahresabschlussberichte und / oder betriebswirtschaftliche Auswertungen zur Verfügung zu stellen.

Mit der Reduzierung bzw. Optimierung der Lieferantenanzahl verbunden ist häufig eine Veränderung in der Lieferantenstruktur hin zu System- und Modullieferanten. Damit wird eine Strategie verfolgt, bei der man den Einkauf von einzelnen Teilen zugunsten von Komplettlösungen aufgibt. Diese Strategie hat eine Konzentration auf weniger, aber umsatzstärkere Lieferanten mit hoher technischer Kompetenz und umfangreichem Know-How zur Folge. Um eine Optimierung aller Prozesse zu erreichen, ist eine frühestmögliche Lieferantenintegration, d. h. Einbindung der Lieferanten in den Entstehungsprozess eines Produktes, erforderlich.

> Somit gewinnen einzelne Lieferanten an strategischer Bedeutung. Daher ist es umso entscheidender, die Nahtstelle zum Lieferanten optimal zu gestalten und die Beziehungen zu diesem Schlüssellieferanten im Sinne einer Win-Win-Partnerschaft zu pflegen.

---

[62] In diesem Zusammenhang kann die Ermittlung einer Bonitätskennzahl äußerst hilfreich sein. – Siehe im Einzelnen Horst Hartmann / Heinrich Orths / Nina Kössel, Lieferantenbewertung – aber wie?, a. a. O., S. 92 ff.

Letztendlich müssen bei der Auswahl und Festlegung von Lieferantenstrategien die damit jeweils verbundenen Risiken berücksichtigt werden, wie beispielsweise bei einer Lieferantenkooperation (Abbildung 4.4).

Risiken / Risikobereiche

- Versorgungsrisiko durch Single / Double Sourcing
- Hohe Folgekosten beim Lieferantenwechsel
- Preisrisiken durch längerfristige Verträge und FuE-Verantwortung des Lieferanten
- Abhängigkeitsrisiken
- Geheimhaltungsrisiken
- Insolvenzrisiko des Lieferanten
- Wechsel im Management / Übernahme

Abbildung 4.4: Risiken bei einer Lieferantenkooperation

4.3 Lieferantenentwicklung: Absicherung des zukünftigen Lieferantenpotenzials

Im Rahmen eines professionell verfolgten Lieferantenbeziehungsmanagements baut die Lieferantenentwicklung auf den Ergebnissen der Lieferantenbewertung auf (Abbildung 4.5).

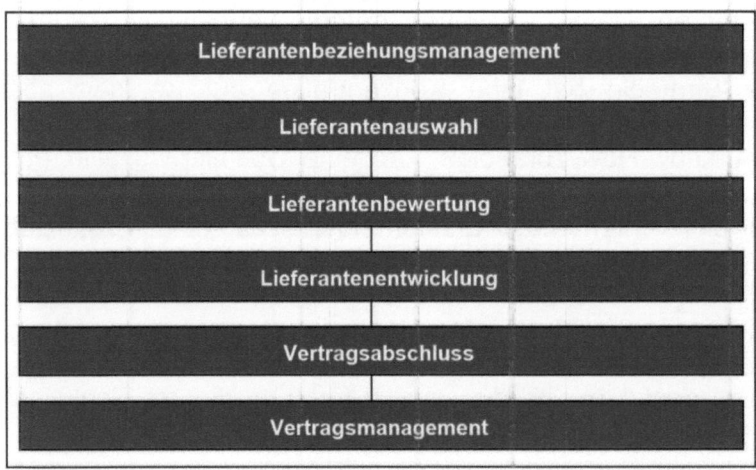

Abbildung 4.5: Lieferantenentwicklung als Systemelement eines Lieferantenbeziehungsmanagement-Konzepts

Die Lieferantenentwicklung dient dabei der Absicherung des Lieferantenpotenzials der Zukunft.

Obwohl negative Auswirkungen einer Lieferantenentwicklung nicht auszuschließen sind, da der Lieferant möglicherweise auch aus Sicht der Konkurrenz interessanter wird, so überwiegen offenbar in der Praxis doch die positiven Aspekte.

Oberstes Ziel ist es demnach, die Wertschöpfungskette gesamthaft zu optimieren, um kosteneffektive und kundenorientierte Lösungen zu realisieren. Gleichzeitig wird durch gezielte Vorgehensweise eine Steigerung der Wettbewerbsfähigkeit erreicht, da Schwächen in der Zusammenarbeit identifiziert und minimiert sowie Stärken der Lieferanten erkannt und genutzt werden können, was sich wiederum vorteilhaft auf den monetären und / oder nicht-monetären Wertbeitrag des Einkaufs auswirken dürfte.

Es ist nicht von der Hand zu weisen, dass das Strategiekonzept „Lieferantenentwicklung" zu einer radikalen Veränderung der Geschäftsbeziehungen führt und nur im Rahmen einer von beiden Geschäftspartnern gelebten kooperativen Unternehmenskultur umzusetzen ist. Darüber hinaus ist sicherzustellen, dass die Lieferantenentwicklung

- zielgerichtet,
- strategisch orientiert und
- mittels einer konkreten Maßnahmenplanung

erfolgt.

4.3.1 Strategienplanung auf der Basis klassifizierter Lieferanten

Allerdings können „Pro- oder Contra-Entscheidungen" nicht ausschließlich auf der Basis der Bewertungsergebnisse getroffen werden, auch wenn ein leistungsfähiges Lieferantenbewertungssystem[63] grundsätzlich als Voraussetzung für eine zielorientierte Lieferantenentwicklung anzusehen ist! Gleichwohl sind darüber hinaus

- das Einkaufsvolumen und vor allem auch
- die strategische Bedeutung eines Lieferanten

zu berücksichtigen.

---

63) Siehe ausführlich dazu Horst Hartmann / Heinrich Orths / Nina Kössel, Lieferantenbewertung – aber wie?, a. a. O., S.16 ff.

Dabei sind zur Einschätzung der strategischen Bedeutung eines Lieferanten u. a. auf folgende Fragestellungen Antworten zu finden:

→ Welche Strategie verfolgt der Lieferant? Passt diese Strategie zur Strategie des eigenen Unternehmens?
→ Welche technologischen / innovativen Trends kennzeichnen das Produkt bzw. die Produktgruppe?
→ Welcher Trend ist auf dem Käufermarkt des Lieferanten zu beobachten?
→ Kann der Lieferant das eigene Unternehmen bei der Verwirklichung des avisierten Geschäftswachstums unterstützen?
→ Wie viel investiert der Lieferant in Forschung und Entwicklung, um zukunfts- / wettbewerbsfähig zu bleiben?
→ Wie sieht die Kosten- und Margenstruktur des Produktes bzw. der Produktgruppe aus?
→ Bestehen Abhängigkeiten von Know-How-Trägern, Sub-Lieferanten etc.?
→ Welche politischen, ökonomischen, ökologischen und finanziellen Risiken sind zu beachten?

Um die lieferantenspezifische strategische Bedeutung objektiver einzuschätzen und damit transparent und zugleich vergleichbar zu machen, sollten die Kriterien mit Bewertungshilfen und Messskalen versehen werden.

Die Auswertung und Visualisierung der Ergebnisse aus der Lieferantenbewertung (LB) und der Bewertung der strategischen Anforderungskriterien kann in der Darstellung einer Vier-Felder-Matrix erfolgen. Dabei ergeben sich folgende Kombinationen:

Quadrant I. Hohe LB – Erfüllungsgrad
Hohe strategische Bedeutung

Quadrant II. Hohe LB – Erfüllungsgrad
Geringe strategische Bedeutung

Quadrant III. Niedrige LB – Erfüllungsgrad
Hohe strategische Bedeutung

Quadrant IV. Niedrige LB – Erfüllungsgrad
Geringe strategische Bedeutung

Aus dieser grob strukturierten Klassifizierung kann jeweils der Dringlichkeitsgrad einer Lieferantenentwicklung abgeleitet werden. Dieser ist vor allem für die im Quadranten III positionierten Lieferanten gegeben. Als „unkritisch" sind in erster Linie Lieferanten zu betrachten, die sich aufgrund der Bewertungsergebnisse im Quadranten I oder II wiederfinden. Es ist allerdings auch denkbar, dass sich Lieferanten, die im Quadranten II platziert sind, für konkrete Maßnahmen zur Weiterentwicklung anbieten. Typisch dafür ist die Entwicklung eines Teilelieferanten zum Systemlieferanten.

Sofern es die unternehmensspezifischen und situationsbedingten Rahmenbedingungen (z. B. Wettbewerbssituation) zulassen, sind Lieferanten, die dem Quadranten IV zugeordnet werden mussten, grundsätzlich mit restriktiven Maßnahmen (z. B. Quotenreduzierung oder Out-Status) zu belegen. Es bleibt dahingestellt, ob und inwieweit die davon betroffenen Lieferanten bestrebt sind, ihre Position durch Eigenoptimierung zu verbessern, um den Umsatzanteil aufzustocken oder sich erneut zu qualifizieren.

Während die Lieferleistungen (Lieferzuverlässigkeit) eines Lieferanten in der Einkaufspraxis regelmäßig und umfassend mit jeder Warenvereinnahmung bewertet werden, sollte die Einschätzung der strategischen Anforderungskriterien in zeitlichen Abständen (z. B. halbjährlich oder jährlich) erfolgen und sich im Wesentlichen auf die umsatzstärksten und strategisch wichtigsten Lieferanten beschränken. Als die umsatzstärksten Lieferanten kommen in der Regel ausschließlich die A-Lieferanten und – sofern lieferantenpolitisch begründet – auch die „Super-B-Lieferanten" in Betracht.

Sinnvollerweise sind die Ergebnisse in einem Kalkulationsprogramm (z. B. in EXCEL) festzuhalten. Ob und inwieweit eine Gewichtung der Ergebnisse oder eine Durchschnittsberechnung mit anschließender Kategorisierung erfolgen sollte, ist im Einzelfall abzuklären und festzuschreiben.

4.3.2 Maßnahmenplanung auf der Basis lieferantenbezogener Eigenoptimierung und Support-Maßnahmen

Als besonders interessant für Entwicklungsmaßnahmen haben sich in der Praxis vor allem Lieferanten erwiesen, die sich durch spezifische technologische Leistungsfähigkeit auszeichnen, so dass es sich lohnt, Defizite in anderen Bereichen zu beseitigen. Voraussetzung dafür ist aber die Bereitschaft des Lieferanten, diesen Entwicklungs- und

Qualifizierungsprozess mitzutragen und sich gegenüber dem Abnehmer (Kunden) zu öffnen, d. h. innerbetriebliche Prozesse und Strukturen transparent zu machen. Das gilt auch für entwicklungsfähige Lieferanten mit Standort in den Niedriglohnländern Osteuropas und Asiens.

Allerdings müssen Defizite, die ein (!) Kunde erkennt, aus der Sicht des Lieferanten nicht zwangsläufig für alle (!) Kunden von Bedeutung sein. Der Einkauf muss sich daher darauf einstellen, dass die strategische Bedeutung des eigenen Unternehmens den Entscheidungsprozess des Lieferanten wesentlich beeinflussen kann.

In diesem Zusammenhang ist als nüchterner Tatbestand anzumerken, dass ein Lieferant immer nur so gut sein kann wie die Anforderungen, die der Abnehmer (Kunde) an ihn stellt. Es ist daher Aufgabe des modernen Einkaufs- und Lieferantenmanagements, diese klar zu formulieren und den Lieferanten auf seinem Weg zur Erreichung dieser Vorgaben zu unterstützen. Die Gestaltung der Lieferantenbeziehung muss dabei von einer Lieferantenpolitik ausgehen, die den Lieferanten als hochwertigen Marktpartner akzeptiert und damit die Grundlage für eine effiziente Zusammenarbeit liefert.

Vor diesem Hintergrund sollten je Materialgruppe – ausgehend von einer detaillierten Stärken-Schwächen-Analyse der in Betracht zu ziehenden Lieferanten – Maßnahmen konkretisiert werden. Dazu bedarf es nicht unbedingt eines formalen Vertrages mit entsprechenden Rechtsfolgen. Zielvereinbarungen, an denen sich beide Seiten orientieren, sind jedoch in jedem Fall zu treffen und im Controlling (Lieferantencontrolling) zu erfassen. Darüber hinaus ist zu beachten, dass

- Maßnahmen immer personifiziert, terminiert und quantifiziert sein sollten und
- alle erforderlichen Schritte zur Maßnahmenrealisierung festzulegen sind.

Grundsätzlich zu unterscheiden sind dabei die Maßnahmen, die der in Betracht kommende Lieferant im Rahmen einer Eigenoptimierung zu planen und durchzuführen hat, von Support-Maßnahmen durch den Kunden / Einkauf (s. Abbildung 4.6).

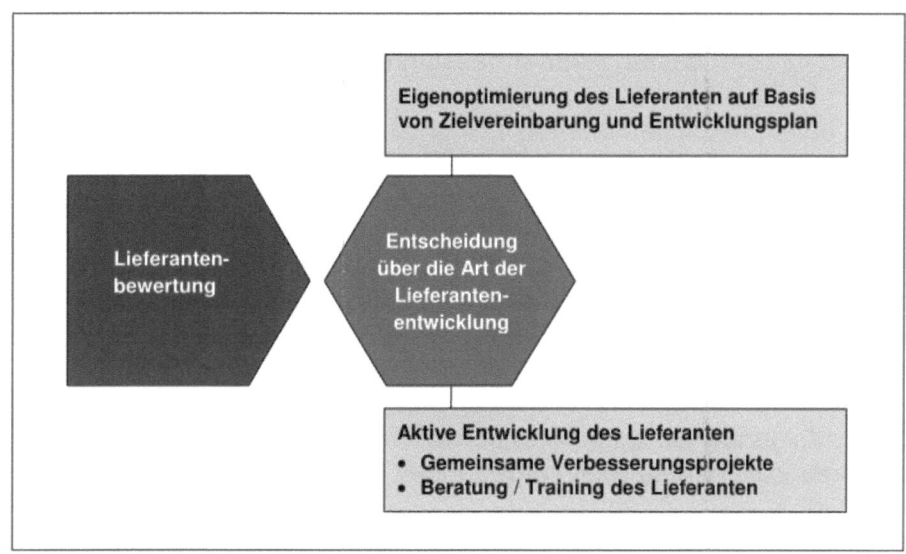

Abbildung 4.6: Art der Entwicklungsstrategien und -maßnahmen

Um eine erfolgreiche Umsetzung der in Eigenleistung des Lieferanten oder mit Unterstützung des Kunden zu erbringenden Maßnahmen zu erreichen, sollten folgende Punkte als „Treibergrößen" festgelegt bzw. beachtet werden:

- Klare Zielvereinbarungen
- Schnelle Vorschlagsbearbeitung
- Einfache Logik
- Klar definierte Verantwortlichkeiten
- Klar definierte Entscheidungswege
- Schnelle und konsequente Umsetzung
- Anreize für den Lieferanten
- Anreize für das eigene Unternehmen

Als besonders attraktive Anreize für den Lieferanten kommen u. a. in Frage:

- Abschluss längerfristiger Verträge
- Quotenaufstockung
- Ausweitung des Lieferprogramms
- Entwicklung zum Systemlieferanten

- Einbindung in den Produktentstehungsprozess
- Award für „den besten Partner des Jahres"

Der von beiden Geschäftspartnern zu unterzeichnende Entwicklungsplan sollte nicht nur alle Maßnahmen der Eigenoptimierung und / oder der aktiven Unterstützung durch den Abnehmer (Kunden) im Detail erfassen, sondern auch den damit beiderseitig verbundenen Aufwand in einer groben Schätzung festhalten. Letztendlich sollte im Rahmen eines zielführenden strategischen Lieferantencontrollings[64] die angestrebte Verbesserung durch einen vereinbarten Soll-LB-Indikator (z. B. 84 Punkte statt 72 in der Ausgangssituation) untermauert werden.

Das nachfolgende Beispiel veranschaulicht, wie zielführend in partnerschaftlicher Zusammenarbeit vorgegangen werden kann.

Beispiel 4.3: Strategien und Maßnahmen der Lieferantenentwicklung[65] (Praxisbeispiel)

Rittal ist ein weltweit agierender Serienhersteller von Schaltschränken und Gehäusen. Um eine optimale Wertschöpfung zu erreichen, wird schon beim Lieferanten angesetzt. Entscheidend dabei ist, mit ihm in einen konstruktiven Dialog zu treten und gemeinsame Strategien zu entwickeln, um mit Kostensenkungsprogrammen und Wertanalysemaßnahmen die gemeinsame internationale Wettbewerbsfähigkeit zu verbessern.

Abhängig von der Lieferantenbewertung intensiviert Rittal entweder die Beziehung zum Partner oder reduziert das Auftragsvolumen. Als grundsätzliche Möglichkeiten zur Lieferantenentwicklung werden in Betracht gezogen:

---

64) Siehe vom Verf., Lieferantenmanagement, a. a. O., S. 74 ff.
65) Vgl. Peter Krawat, Aktives Lieferantenmanagement schafft gemeinsame Erfolge, in: Beschaffung aktuell, Leinfelden, Oktober 2006, S. 40 ff. – Seit 2012 findet bei Rittal ein Change-Management-Procurement statt. Ein wichtiges Teilprojekt dabei ist die Weiterentwicklung des Lieferantenmanagement. Die Prozesse werden nunmehr durch ein voll integriertes Supplier Relationship Management-System auf der Basis einer weltweit an allen Produktionsstandorten verfügbaren Onlineplattform abgebildet. Siehe im Einzelnen den Beitrag von Doris Hülsbömer (BME), Liefertreue beginnt in der Lieferkette in BIP, Leinfelden, Januar 2017, S. 24.

- Eigenoptimierung des Lieferanten:

Anhand von individuellen Zielvorgaben erarbeitet Rittal zusammen mit dem Lieferanten Entwicklungspläne. In diesen legt man Verbesserungsmaßnahmen hinsichtlich Logistik, Qualität, Technologie und Einkaufsmarketing verbindlich fest, fixiert die Umsetzungstermine und konkretisiert diese in ihrer Kostenwirkung.
Für die Umsetzung der Optimierungsvorschläge ist der Lieferant selbst verantwortlich. Die Fortschritte prüfen Einkauf und QM kontinuierlich.

- Aktive Entwicklung des Lieferanten:

Mit einer geringen Anzahl strategisch besonders wichtiger Zulieferer verfolgt Rittal eine aktive Entwicklungsstrategie – insbesondere in gemeinsamen Entwicklungsprojekten, wenn das Projekt nur in Zusammenarbeit mit dem Lieferanten erfolgreich gelöst werden kann. Im Vordergrund stehen dabei Kosteneinsparungen auf beiden Seiten. In Einzelfällen kann es sich jedoch auch um eine reine Prozessoptimierung bei einem Lieferanten handeln. Dieser Optimierungsprozess kann so weit gehen, dass gemeinsame Teams von Rittal mit Hilfe der technischen Abteilungen wie Werksplanung mit zum Lieferanten gehen und dort mit dem Partner z. B. die Fertigungsprozesse optimieren.

- Lieferantenentwicklung international:

Insbesondere in denjenigen Beschaffungsmärkten, in denen man geringe Lohnkosten vorfindet, sind viele Unternehmen zwar Produzenten für einfache und leicht komplexe Artikel, in allen anderen Stufen der Prozesskette sind aber noch erhebliche Mängel vorhanden. So gibt es Defizite an dauerhafter Qualität, klar und sicher gestalteter Logistik sowie in der Entwicklung vom Teilelieferanten zum Systemlieferanten.
Um diese Lieferanten mit in die Versorgungskette einzubeziehen und die geringeren Kosten zu nutzen, ist es notwendig, diese mittelfristig in der Entwicklung zu fördern. Das Spektrum der Maßnahmen reicht hierbei über die Unterstützung in organisatorischen Bereichen bis hin zum Personaleinsatz „vor Ort", um die Entwicklung der Lieferanten in die gewünschte Richtung voranzutreiben.

4.3.3 Entwicklungsprozess: Realisierung des Break-even-Points

Die Erschließung neuer Bezugsquellen in Osteuropa und in Asien führt in der Regel nicht dazu, dass unmittelbar nach Lieferstellung beim Kunden „das Geld in der Kasse klingelt". Die auf der Basis des ab Werk Preises ermittelte Brutto-Einsparungsquote in Höhe von möglicherweise 30 % im Vergleich zu einem inländischen Anbieter steht zunächst nur auf dem Papier. Es sind im Sinne des Total Cost of Ownership-Prinzips[66] nicht nur die erhöhten Bezugskosten zu berücksichtigen, sondern vor allem auch die indirekten Kosten der Lieferantenentwicklung. Diese können je nach Standort und Entwicklungsstand des Lieferanten erheblich ins Gewicht fallen und durch Aufwendungen zur Verbesserung der

- Qualitätssicherung,
- Prozesssicherheit,
- Logistik und
- Infrastruktur im IT-Bereich

verursacht worden sein. Letztendlich geht es darum, durch gezielte vorbeugende Maßnahmen Risikopotenziale „in den Griff zu bekommen".

Die Praxis zeigt, dass vor allem in den asiatischen Niedriglohnländern die Entwicklung von einem „Billig-Produzenten" zu einem vergleichsweise leistungsfähigen Lieferanten Zeit und Kapazität braucht, zumal der „Schlendrian" häufig und massiv zurückkehrt. Darüber hinaus werden die Anlaufkosten in ihrer Höhe und Stetigkeit häufig unterschätzt. Auch ist eine umfassende und fundierte Erfahrungskumulation unverzichtbar. Es ist daher nicht auszuschließen, dass erst nach einem Zeitraum von zwei bis drei Jahren der Break-even-Point erreicht wird (Abbildung 4.7), d. h. der bis zu diesem Zeitpunkt aufgelaufene Entwicklungsaufwand ist (mehr oder weniger) durch die zwischenzeitlich erzielten Einsparungen gedeckt.

---

[66] Siehe ausführlich dazu Wilfried Krokowski / Ernst Sander, Gobal Sourcing und Qualitätsmanagement, a. a. O., S. 59 ff.

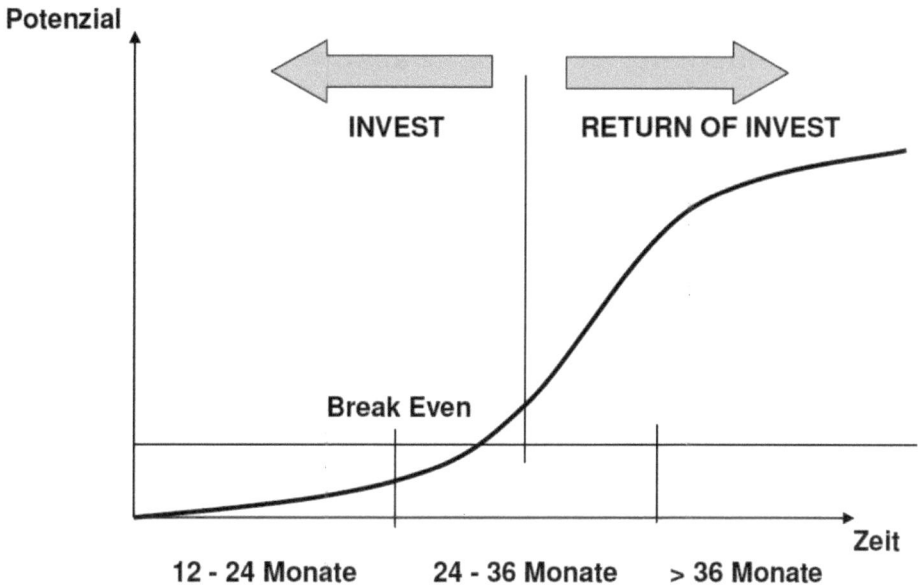

Abbildung 4.7: Entwicklungsprozess: Break-even-Point

5. Risikomanagement: Risikoindikatoren und Schwellenwerte

Durch die Verlagerung von Prozessen und Know-How in das externe Wertschöpfungsnetzwerk erhöhen sich immer mehr die Abhängigkeit von Lieferanten und die Komplexität. Deswegen bedarf es zur Steuerung der Lieferantenbeziehungen nicht nur eines leistungsfähigen Lieferantenbewertungssystems, sondern neuer Methoden. Mathematische Modelle und Ansätze der künstlichen Intelligenz sorgen für eine Vernetzung von Wissen und lassen mögliche Risiken in der externen Wertschöpfungskette erkennen. Dieses cross-funktionale Wissen kann frühzeitig generiert werden, so dass ein präventives Vorgehen gewährleistet wird.

Die Identifikation der relevanten Risiken in der Supply Chain und deren Messung durch Kennzahlen sollten die Basis für ein Wissensmanagement bilden, das effektive Entscheidungen zum Risikomanagement ermöglicht.

Keine Chancen ohne Risiken! Wenn die Mitarbeiter/-innen im Einkauf gefordert sind, Marktchancen bei gleichzeitiger Optimierung der Lieferantenstruktur wahrzunehmen, dann müssen sie gleichzeitig bestrebt sein, Risiken frühzeitig zu erkennen, damit sie agieren und nicht nur reagieren können.

Aufgrund

– des hohen Anteils der Materialkosten am Umsatz, d. h. der zugekauften Wertschöpfung (vgl. Abb. 5.1),
– der Globalisierung der Beschaffungsmärkte,
– der abnehmenden Lieferantenanzahl,
– der steigenden Technologieverantwortung von Lieferanten,
– des rasanten technologischen Wandlungsprozesses,

ist zielführendes Lieferantenmanagement ohne konstruktives Risikomanagement nahezu undenkbar.

Der Aufgabenumfang im Einkauf hat sich damit erweitert. Dabei ist in der Abhängigkeit von bestimmten Lieferanten ein den Aufwand regulierendes Element zu sehen. So sind Lieferanten von DIN-Teilen und wettbewerbsgängigen Massenartikeln nur in Ausnahmefällen in eine Risiko-Betrachtung einzubeziehen. Die im dritten Abschnitt erwähnten Methoden bieten in dieser Beziehung hinreichend Anhaltspunkte für eine strategisch orientierte Vorgehensweise. Globale Projekte steigern die

Komplexität um ein Vielfaches. Dabei ist die Abhängigkeit der Risiken vom Produktzyklus zu beachten.[67]

Es ist somit eine Antwort u. a. auf folgende Fragestellungen zu finden:[68]

→ Welche Risiken sind zu berücksichtigen?
→ Welche Risiken sind in besonderem Maße von nachhaltiger Wirkung?
→ Welche Einflüsse sind unabwendbar?
→ Welche Instrumente stehen zur Verfügung, um Risiken frühzeitig zu erkennen?

Im Rahmen eines Risikomanagementsystems (RMS) sind somit die nachstehend aufgelisteten Teilbereiche zu unterscheiden:[69]

1. Risikoidentifikation
2. Risikoanalyse und -bewertung
3. Risikohandhabung (Maßnahmen zur Vermeidung und Verminderung von Risiken etc.)
4. Risikoüberwachung / Risikocontrolling

In jedem Fall sollte sich der unternehmerisch denkende und strategisch agierende Mitarbeiter/-in des Einkaufs jederzeit bewusst sein, dass unterlassenes oder defizitäres Risikomanagement letztendlich die Existenz seines eigenen Unternehmens gefährden kann. Dabei sollten Mitarbeiter/-innen in ihren Aktivitäten nicht „allein gelassen werden", sondern unternehmensintern auf fachliche Unterstützung (z. B. durch ein installiertes Unternehmenscontrolling) und adäquate Instrumente (z. B. ein aussagefähiges Lieferantenbewertungssystem und Kennzahlen) zurückgreifen können.

---

[67] Siehe auch Michael Essig, Risiken rechtzeitig entdecken, in: Beschaffung aktuell, Leinfelden-Echterdingen, Februar 2013, S. 14 ff.
[68] Siehe auch Horst Hartmann / Heinrich Orths / Nina Kössel, Lieferantenbewertung – aber wie? a. a. O., S. 133 ff.
[69] Siehe dazu auch die ausführliche Darstellung eines ganzheitlich konzipierten RMS vom BME (Hrsg.), Leitfaden für Unternehmen zur Beherrschung von Risiken im Beschaffungsprozess, Frankfurt 2000, S. 15 ff. – Die Darstellung wurde von einem BME-Expertenteam erarbeitet.

5.1 Risikoidentifikation

Aufgrund der erwähnten vielfältigen Einflüsse hat auch die Anzahl der Risiken zugenommen, so dass ein risikoorientiertes Lieferantenmanagement notwendig ist, um differenzierte Lieferantenstrategien ableiten zu können.

> Das höchste Bedrohungspotenzial stellen nicht erkannte Risiken dar!

5.1.1 Systematisierung der Risiken

Eine sorgfältige Risikoidentifikation bildet daher die Grundlage für ein effektives Risikomanagement. Dabei bietet sich eine Strukturierung der Einzelrisiken nach übergeordneten Kriterien, d. h. nach Risikobereichen an. Gewiss ist die nachfolgend zugrunde gelegte Systematisierung nicht als Patentrezept zu betrachten. Sie kann jedoch vom Einkäufer im konkreten Einzelfall als Checkliste herangezogen werden, die situationsbedingt modifiziert und durch spezifische Einzelrisiken ergänzt werden kann:

Lieferantenrisiken
- Management
- Beteiligungen
- Joint Venture
- Know-How-Abfluss
- Strategie
- ...

Finanz- / Kostenrisiken
- Verschuldungsgrad
- Finanzkraft / Bonität
- Kostenstruktur
- Margenstruktur
- Ressourcenbindung
- ...

Versorgungsrisiken
- Abstimmungsmechanismen
- Produktionskapazität / Auslastung
- Bestandsreichweite
- Flexibilität
- Transport (Dauer)
- ...

Produktrisiken
- Lebenszyklus
- Technologie (Fortschritt)
- Know-How-Träger
- Forschung / Entwicklung
- Qualitätsmanagement
- ...

Länderrisiken
- Unsicherheiten
- Wachstum
- Gesetzgebung
- Schulbildung
- Ethische Standards
- Local Content
- ...

Marktrisiken
- Technologie (Entwicklung)
- Ressourcenverknappung
- Angebot / Nachfrage
- Internationalisierung
- Vorschriften / Restriktionen
- ...

Abbildung 5.1: Systematisierung der Einzelrisiken

Die Systematisierung der Einzelrisiken nach dem Verursachungsprinzip – beispielsweise können Versorgungsrisiken durch mangelnde Zuverlässigkeit, Kapazitätsengpässe etc. verursacht werden – verbessert die Transparenz. Dadurch erhalten strategisch orientierte Einkäufer die Möglichkeit, zumindest in Zukunft gezielt Vermeidungsstrategien anzusetzen.

5.1.2 Indikationen und Instrumente zur Früherkennung von Risiken

Im Rahmen eines risikoorientierten Lieferantenmanagements ist die Früherkennung von Risiken von entscheidender Bedeutung, damit der Einkauf und damit das Unternehmen noch die Chance haben, adäquat zu reagieren. Es stellt sich damit die Frage nach entscheidungsrelevanten Indikatoren und aussagefähigen Instrumenten. In dieser Hinsicht können u. a. die nachstehend beispielhaft aufgelisteten Möglichkeiten der Datenbeschaffung und -auswertung in Betracht gezogen werden.

- Indikatoren zur Früherkennung
  - Leistungsschwankungen des Lieferanten hinsichtlich Qualitäts-, Termin- und / oder Mengenzuverlässigkeit
  - Verzögerungen in der Abwicklung mit Hinweis des Lieferanten auf Produktionsengpässe
  - Erhöhung der Vorräte / Vorratsintensität
  - Negatives Working Capital
  - Schlechter Cash-Flow vom Umsatz
  - Unterbeschäftigung / Entlassungen
  - Häufiger Wechsel im Management
  - Veränderungen in der Rechtsform oder Betriebsaufspaltungen / Stilllegungen

- Instrumente zur Informationsgewinnung
  - Aussagefähiges Lieferantenbewertungssystem
  - Leistungswirtschaftliches und finanzwirtschaftliches Audit der Lieferanten
  - Systematische Auswertung interner Informationsquellen
  - Implementierung eines Frühwarnsystems
  - Gezielte Ermittlung von Bilanzkennzahlen
  - Finanzauskünfte (Creditreform, D&B)
  - Auswertung weiterer Informationsquellen (Bundesanzeiger, Branchenberichte, Internet)

Indikatoren zur Früherkennung von Insolvenzen oder einer existenzbedrohenden Entwicklung der Finanz- und Ertragskraft spiegeln sich häufig im finanzwirtschaftlichen Bereich wider und setzen – wie in diesem Abschnitt unter Ziffer 5.5 beispielhaft skizziert – die Analyse veröffentlichter oder von Lieferanten zur Verfügung gestellter Jahresabschlüsse voraus.

Frühwarnsysteme sind in besonderem Maße geeignet, die Reaktionsfähigkeit des Einkaufs / Unternehmens bei erkennbaren Fehlentwicklungen in den definierten Beobachtungsbereichen zu erhöhen und gegensteuernde Maßnahmen zu ergreifen (vgl. Abbildung 5.2). Für ein gezieltes risikoorientiertes Lieferantenmanagement ist damit der Einkauf bei einem ganzheitlich ausgelegten Frühwarnsystem bestmöglich „fit gemacht".

Abbildung 5.2: Aufbau eines Frühwarnsystems

Wie ein erfolgversprechendes Frühwarnsystem konkret implementiert werden kann, stellt sich stets als eine unternehmensspezifische Herausforderung dar.[70] Dabei ist eine hinreichende Methodenkompetenz des strategisch orientierten Einkäufers unbedingt von Vorteil. Neben der Portfolio- und SWOT-Analyse sollte insbesondere die FMEA-Analyse zur Anwendung kommen. Diese stellt die am weitesten verbreitete Methode zur Identifikation technischer Risiken dar.

---

70) Siehe das dargestellte Beispiel eines Automobillieferanten von Peter Meyer, Implementierung eines Frühwarnsystems, in: Beschaffung aktuell, Leinfelden, Januar 2007, S. 27 ff.

5.2 Risikoanalyse und -bewertung: Lieferanten-Risiko-Score

Ziel der Risikoanalyse und -bewertung ist die lieferantenbezogene Priorisierung der Risiken und das Aufzeigen von Ansatzpunkten für die Risikohandhabung. Dazu sind u. U. die in Abbildung 5.3 aufgelisteten Einzelrisiken weiter zu untergliedern, um den Bewertungsprozess weitestgehend transparent und damit nachvollziehbar zu gestalten. Die Fragestellung muss daher lauten:

→ Durch welche Elemente sind Einzelrisiken näher zu beschreiben?

Die Analyse kann sodann beispielhaft zu nachstehenden Ergebnissen führen:

- Leistungsfähigkeit
    - Entwicklungsfähigkeit
    - Qualitätsfähigkeit
    - Prozesssicherheit

- Bonität
    - Kapitalstruktur
    - Working Capital
    - Cash-Flow vom Umsatz

Für die Bewertung stehen verschiedene Verfahren zur Verfügung. Vielfältig in der Praxis anzutreffen – z. B. im Rahmen der Lieferantenbewertung – sind sogenannte Scoring-Modelle. Dabei kann nach folgendem Schema vorgegangen werden:

A. Bewertung der Risiken für

  einzelne Teile / Artikel bzw. Materialgruppen mithilfe eines Punktbewertungsverfahrens oder Notensystems auf der Basis der eingeschätzten

  - Eintrittswahrscheinlichkeit und
  - Auswirkungen / Tragweite

Beispielsweise wie nachstehend:

Skalierung / Notenschlüssel

1 = geringes Risiko
2 = mittleres Risiko
3 = hohes Risiko

B. Summieren der Punkte über alle definierten Risikobereiche.
Ergebnis: Artikel- oder Materialgruppen-Score

C. Normieren der Bewertung, indem die unter B ermittelten summierten Punkte durch die Anzahl der Artikel oder Materialgruppen zu dividieren ist.
Ergebnis: Lieferanten-Artikel-Score

Während in der Einkaufspraxis die in Betracht zu ziehenden Einzelrisiken als Standard festgeschrieben sein sollten, sind die Artikel bzw. Materialgruppen lieferantenspezifisch zugrunde zu legen. In dem in Abbildung 5.3 dargestellten Beispiel wird von acht Einzelrisiken und drei Materialgruppen ausgegangen.

Einzelrisiken	Artikel oder Materialgruppen		
	Mat 1	Mat 2	Mat 3
Zuverlässigkeit	1	2	1
Qualität	2	3	1
Know-How-Abfluss	1	3	2
Produktionskapazität	2	2	1
Preiserhöhungen	1	2	3
Abhängigkeiten	3	3	1
Leistungsfähigkeit	1	2	2
Bonität	1	2	3
Artikel- oder Materialgruppen-Score	12	19	14
Anzahl der Materialgruppen	3		
Lieferanten-Artikel-Score	15,00		

Abbildung 5.3: Lieferanten-Artikel-Score (Risikoindex)

Für alle Lieferanten, die im Risiko-Portfolio abgebildet werden, muss ein einheitlich durchgeführtes Bewertungsverfahren herangezogen werden, um die Vergleichbarkeit sicherzustellen. Dabei kann in der Ausgangssituation die Skalierung frei gewählt werden. So ist es denkbar, dass die identifizierten / standardisierten Einzelrisiken mit bis zu 100 Punkten bewertet werden.

Die Wichtigkeit der abgefragten Kriterien kann durch eine fixe Gewichtung verdeutlicht werden. Dabei ist die höchste Gewichtung festzuschreiben, sie kann beispielhaft bei 10 liegen. Ob dieser Schritt zur Objektivierung der Bewertungsergebnisse beiträgt oder nur eine Scheingenauigkeit hervorruft, ist im Einzelfall zu entscheiden. In jedem Fall ist eine „schlanke" Lösung anzustreben, d. h. es sollte nach dem Grundsatz verfahren werden:

> Keep it simple!

Eine Klassifizierung der Lieferanten auf der Basis der ermittelten Risikoindizes zeigt die Verteilung des unternehmerischen Gesamtrisikos nach Materialgruppen auf und bietet Ansatzpunkte für eine gezielte Risikohandhabung.

5.3 Risikohandhabung und Risikohandhabungsprozess

Wie auch immer der Risikoanalyse- und -bewertungsprozess abläuft, ob objektiviert auf der Basis eines Scoring-Modells oder rein intuitiv durch bloße Einschätzung, dem Einkäufer müssen sich zwangsläufig Fragestellungen wie folgt aufdrängen:

→ Wie sind die Risiken zu handhaben?
→ Wie ist Versorgungssicherheit (wieder) herzustellen?
→ Können unausgeschöpfte Ressourcenpotenziale mobilisiert werden?
→ Welche zielführenden Strategien und Maßnahmen kommen in Betracht und können umgesetzt werden?
→ Welche strategischen Möglichkeiten sind bei (drohender) Insolvenz eines Lieferanten gegeben?
→ Besteht ein Notfallplan?

In jedem Fall muss der Einkauf in Risikofällen eingetretene Pfade verlassen und sich einer nicht alltäglichen Herausforderung stellen. Dabei kann der Handlungs- und Entscheidungsspielraum durch

– unternehmensspezifische und / oder
– situative

Rahmenbedingungen eingeengt werden, so dass eine „Best-of-Class-Strategie" nicht aufgegriffen und verfolgt werden kann.

5.3.1 Risikohandhabungsstrategien

Die in der Einkaufspraxis anzutreffenden vielfältigen strategischen Ansätze zur Risikohandhabung lassen sich in das in Abbildung 5.4 wiedergegebene Schema grob unterteilen, wobei der Übergang häufig fließend ist.

Abbildung 5.4: Risikopolitik und Risikohandhabungsstrategien

Im Rahmen einer aktiven Risikopolitik ist es Ziel des Einkaufs, die Eintrittswahrscheinlichkeit von Risiken so gering wie möglich zu halten oder deren Tragweite zu vermindern. Es stellt sich die Frage, welche Maßnahmen zur Umsetzung dieser strategischen Ansätze in Erwägung gezogen werden könnten. Als Beispiel dafür sind zu nennen:

- Maßnahmen zur Risikovermeidung
    - Aussonderung eines Lieferanten / Outphasen
    - Unterstützung des Lieferanten (Lieferantenentwicklung)

- Steigerung der Lieferantenperformance
- Globale Diversifizierung zur Reduzierung von Preis- und Währungsschwankungen / Einkauf und Verkauf in einem Währungsraum
- Übernahme / Kauf eines Lieferanten
• Maßnahmen zur Risikoverminderung
- Aufbau von Sicherheitsbeständen
- Aufbau eines Alternativlieferanten, einer Second Source
- Beteiligung beim Lieferanten

Eine passiv angelegte Risikopolitik zielt im Wesentlichen darauf ab, Risikoauswirkungen durch Diversifikation aufzufangen oder abzuwälzen. Als Beispiele zur Umsetzung dieser Risikohandhabungsstrategien sind zu nennen:

• Maßnahmen zur Risikodiversifizierung
- Multiple Sourcing / Quotenregelung
- Vertragsklauseln / Restrisiko verbleibt beim Kunden
- Gründung eines Joint Venture
• Maßnahmen zur Risikoabwälzung
- Bevorratung beim Lieferanten oder Logistikdienstleister
- Eigenoptimierung des Lieferanten ohne finanzielle Unterstützung des Kunden
- Abschluss von Versicherungsverträgen

In der Einkaufspraxis ist es unter Berücksichtigung der erwähnten Rahmenbedingungen häufig eine Frage der Zeit, ob und in welchem Umfang eine bestimmte Strategie verfolgt werden kann.

5.3.2 Sicherungsmöglichkeiten im Vorfeld einer Insolvenz

Ob Insolvenz eines Lieferanten droht und in welchem Gefährdungszustand sich der Hersteller / Lieferant befindet, sollte frühestmöglich vom Einkauf erkannt werden. Problematisch ist die Informationsgewinnung und -analyse vor allem aufgrund der Tatsache, dass

- wirtschaftliche Daten zur Unternehmenssituation häufig das bestgehütetste Geheimnis sind und
- nach außen der Fortschritt einer „schleichenden" Insolvenz nicht unbedingt erkennbar ist.

Für den Einkäufer ist diese Situation unbefriedigend. Gleichwohl muss er sich darüber Klarheit verschaffen, welche Maßnahmen er im Vorfeld einer drohenden Insolvenz verfolgen kann. Ein Notfallplan könnte u. a. folgende strategische Ansätze enthalten, wobei die Umsetzbarkeit zwangsläufig abgeklärt sein muss:

- Verlagerung auf einen Alternativlieferanten
- Umstellung auf Eigenfertigung
- Finanzielle Unterstützung des Lieferanten
- Übernahme des Lieferanten

Inwieweit darüber hinaus auch Rechtsvorschriften und / oder länderspezifische Gesetzesnormen zu berücksichtigen sind, kann in diesem Zusammenhang generell nicht abgeklärt werden. Fest steht:

> Die sicherste Vorsorgemaßnahme ist in der Instrumentalisierung einer gezielten Risikoüberwachung der Insolvenzindikatoren auf der Basis vorhandener und gewonnener Informationen / Daten zu sehen.

In jedem Fall zu vermeiden ist ein leichtfertiger Umgang mit Kennzahlen und eine damit verbundene isolierte Betrachtungsweise, zumal – wie die Fallstudie unter Ziffer 5.5 in diesem Abschnitt verdeutlicht – eine drohende Insolvenz durch ausgewiesene Ertragsstärke des Lieferanten verschleiert werden kann.

Es überrascht daher nicht, dass das frühzeitige Erkennen einer (drohenden) Insolvenz von jeher ein Problem darstellt. Insbesondere im traditionellen Kunden-Lieferantenverhältnis erfolgt die Information darüber – wenn überhaupt – erst dann, wenn der Gang zum Amtsgericht unmittelbar bevorsteht. Der Grund dafür liegt „im Prinzip Hoffnung" – „vielleicht schaffen wir es doch noch irgendwie oder es geschieht vielleicht ein Wunder" und natürlich in der Sorge, durch frühzeitige Information die negative Entwicklung zu beschleunigen. Für den Kunden / Einkauf stellt diese „Geheimnistuerei" ein erhebliches Risiko dar.

Anders sollte es sich bei einem tatsächlich gelebten LBM verhalten. In diesem Fall kann das Problem offen angesprochen werden, ohne befürchten zu müssen, dass der Kunde „abspringt". Im Gegenteil: Es können gemeinsame Maßnahmen gestartet werden, die zur Entschärfung der Situation beitragen. Diese sind z. B.:

1. Die Zahlungsbedingungen von Nettofristen mit oder ohne Skonto für den problematischen Zeitraum auf „sofort netto" umzustellen.
2. Soweit die Banken mitspielen, könnte auch mit Bürgschaften gearbeitet werden. Diese sind allerdings aufgrund neuerer BGH-Urteile problematisch geworden.
3. Eine weitere Möglichkeit besteht darin, die Vormaterialien des Lieferanten zu bezahlen. Dies allerdings nur, wenn durch Eigentumskennzeichnung und sichere getrennte Lagerung das Kundeneigentum im evtl. eintretenden Insolvenzfall nicht untergehen kann.
4. Ähnliches gilt für beigestelltes Material und beigestellte Werkzeuge und Vorrichtungen u. ä.

Wie eingeschränkt die Möglichkeiten der Einflussnahme auf ein eröffnetes Insolvenzverfahren sich in der Praxis darstellen, skizziert das nachstehende Beispiel.

Beispiel 5.1: Das Insolvenzverfahren

Grundsätzlich sollte jedes Kundeneigentum bzw. -teileigentum, das sich beim Lieferanten befindet, vertraglich und durch Kennzeichnung gesichert sein. Unter Teileigentum sind z. B. Werkzeuge zu verstehen, für die der Kunde sogenannte Werkzeugkostenanteile bezahlt hat. Diese sollten automatisch in das Volleigentum des Kunden übergehen, sobald Lieferschwierigkeiten oder eine Insolvenz auftreten.

Sobald das Gericht das Insolvenzverfahren eröffnet und einen Insolvenzverwalter bestellt hat, ist der Lieferant – wenn überhaupt – nur noch extrem eingeschränkt handlungsfähig. Dies gilt insbesondere während der Erklärungsfrist des Insolvenzverwalters, in der er zu entscheiden hat, ob und in welchem Umfang er bestehende Verträge erfüllen wird. Eine Möglichkeit der Einflussnahme besteht regelmäßig nicht und führt somit zumindest vorübergehend zu Versorgungsausfällen.

Um derartige Folgen einer Insolvenz zu vermeiden, bleibt nur die Möglichkeit, im Vorfeld sachdienliche Maßnahmen zu ergreifen bis hin zu einer Kapitalbeteiligung, die in Einzelfällen insbesondere in monopol oder monopolähnlichen Situationen erfolgen, wohl eher die Ausnahmen sind.

5.4 Risikoüberwachung

Auch wenn die Eintrittswahrscheinlichkeit eines identifizierten Risikos als gering eingeschätzt wird und / oder gegensteuernde Maßnahmen in die Wege geleitet wurden –, für das eigene Unternehmen könnte eine existenzbedrohende Situation entstehen, wenn der Einkäufer die Entwicklung nicht weiter verfolge. Risikoorientiertes Lieferantenmanagement setzt unternehmerisches Denken und Handeln voraus und ist kontinuierlich wahrzunehmen. Daher ist in erster Linie eine Antwort auf folgende Fragestellungen zu finden:

→ Welche Anforderungen an die Risikoüberwachung sind zu berücksichtigen?
→ Was wird überwacht?
→ Welche Instrumente stehen zur Überwachung zur Verfügung?

Um Risiken effizient überwachen zu können, müssen firmenspezifische Big und Small Data Cubes aufgebaut werden. Unter Big Data versteht man hierbei alle Daten außerhalb des Unternehmens, wie z. B. Brancheninformation und amtliche Statistiken. Oft nicht hinreichend berücksichtigt werden die sogenannten Small Data, also die Daten innerhalb des eigenen Unternehmens. Risikomanagement endet nicht am Wareneingang. Auch am eigenen logistischen Netzwerk sowie an der Distribution zum Kunden sind die gleichen Überlegungen wie bei externen Daten anzustellen. In den immer fragiler werdenden Lieferketten und Liefernetzwerken ist ein nach diesen Prinzipien gestaltetes Risikomanagement ein wenn nicht gar der entscheidende Erfolgsfaktor hinsichtlich der Lieferqualität.[71]

5.4.1 Ausgestaltung der Risikoüberwachung

Die Ausgestaltung der Risikoüberwachung ist – wie bereits erwähnt – in jedem Fall unternehmensspezifisch vorzunehmen. In der Regel läuft diese darauf hinaus, dass

- die Risiken zu priorisieren sind
- die Risikoentwicklung zu prognostizieren ist
- die Risikodaten zu aktualisieren sind
- ein Frühwarnsystem zu implementieren ist

---

[71] Siehe Alexander Frisch, Stellhebel 5: Risikomanagement, Stellhebel 6: Lebenszykluskostenmodell, in: Beschaffung aktuell, Nr. 6, Leinfelden, 2017, S. 20 ff.

- Risikohandhabungsstrategien differenziert verfolgt werden sollen
- umsetzbare Maßnahmen abgeleitet werden
- aussagefähige Instrumente eingesetzt werden
- eine Risiko-Berichterstattung in regelmäßigen Abständen erfolgt

Im Einzelnen sollte sich die Risikoüberwachung auf die nachstehend aufgelisteten Punkte konzentrieren.

- Entwicklung der Einzelrisiken (Eintrittswahrscheinlichkeit und Tragweite)
- Darstellung des Gesamtrisikos im Einkauf
- Darstellung getroffener und geplanter Maßnahmen
- Wirksamkeit der Maßnahmen (Aufwand- / Nutzenbetrachtung)
- Definition der Verantwortlichkeiten, Meilensteine und Deadline
- Überwachungs- und Reporting-Zyklen
- Annahmen in der Ausgangssituation (Was hat sich verändert?)
- Lieferantenbezogene Entwicklungen der Risikoindikatoren
- Marktentwicklungen und Trends

Die Risikoüberwachung ist – wie die Bezeichnung bereits zum Ausdruck bringt – ein dynamischer Prozess. Die Anforderungen und Beobachtungsbereiche sind zumindest hinsichtlich ihrer Ausprägungen Veränderungen unterworfen. Der Einkäufer muss darauf flexibel reagieren und aufgrund seiner Kenntnisse und Erkenntnisse um eine jederzeit zeitgemäße Ausgestaltung der Risikoüberwachung bemüht sein.

5.4.2 Instrumente zur Risikoidentifikation und -überwachung

Die Instrumente zur Risikoüberwachung sind weitgehend identisch mit denjenigen, auf die der Einkäufer zur Identifikation von Risiken bzw. Risikopotenzialen zurückgreifen kann.

In erster Linie kommen hierfür in Betracht:

- Technologie-Assessment
- Lieferanten-Assessment
- Assessment betriebswirtschaftlicher Auswertungen (Jahresabschlussanalyse)

Um aktuelle und zukunftsweisende Informationen und Daten zu erhalten, muss der Einkäufer die strategisch wichtigsten Lieferanten in regelmäßigen Abständen (z. B. zweimal jährlich) aufsuchen und möglicherweise Lieferantenaudits durchführen. Dabei können Checklisten ein sinnvolles Hilfsmittel darstellen.

Im Folgenden wird im Wesentlichen auf die erwähnten Instrumente und Hilfsmittel zur Risikoidentifikation und -überwachung eingegangen, wobei die kennzahlenorientierte Jahresabschlussanalyse im Mittelpunkt steht, da diese aufgrund zunehmender Insolvenzfälle den Einkäufer bei der Einschätzung von Risikopotenzialen unterstützt.

Auch sekundäre Informationsquellen wie amtliche Statistiken, Branchen- und Länderinformationen sollten vom Einkäufer im Bedarfsfall genutzt werden, auch wenn die Daten in der Regel nicht aktuell sind und auf spezifische Fragen keine Antwort geben. Ein Cross-Checking der Informationen ist daher unerlässlich. Das trifft beispielsweise auch auf den von der Creditreform ermittelten Bonitätsindex zu.

5.4.2.1 Technologie-Assessment

Das Technologie-Assessment soll Chancen und Risiken von Technologien aufzeigen und im Wesentlichen die nachstehend aufgelisteten Punkte umfassen:

- Bewertung möglicher Chancen und Risiken mehrerer alternativer Technologien
- systematische und bereichsübergreifende Vorgehensweise
- frühzeitige Einbindung und Bündelung des bereichsspezifischen Technologie-Know-Hows
- Durchführung bei Modulen, Systemen, A-Teilen und ausgewählten B-Teilen, insbesondere bei neuen risikobehafteten Technologien
- Anstoß von prozessbegleitenden Maßnahmen bereits bei der Technologiefestlegung

Das Technologie-Assessment ist demnach im besonderen Maße geeignet, technologisch bedingte Materialrisiken zu identifizieren und vorbeugende Maßnahmen zur Vermeidung von Folgekosten in die Wege zu leiten, die bei einem Produktionsstillstand in erheblichem Umfang entstehen können.

Technologie-Assessment und Technologie-Marketing sind untrennbar miteinander verbunden und setzen technologisches Know-How auch bei den Mitarbeitern/-innen im Einkauf voraus, ohne dass damit das „Mehr-Augen-Prinzip" aufgehoben wird!

5.4.2.2 Lieferanten-Assessment

Die Auswahl von Lieferanten insbesondere mit Standort in den Schwellenländern Osteuropas und Asiens sollte durch eine systematische Vorgehensweise unterstützt werden:

- ressortübergreifende Bewertung möglicher Lieferanten mittels standardisierter Fragenkataloge
- systematische Erfassung und Berücksichtigung von Erfahrungen mit vorhandenen Entwicklungs- und Serienlieferanten
- präventive Vermeidung von Risiken bei der Lieferantenauswahl durch Identifikation von Schwachstellen und der Implementierung erforderlicher Maßnahmen
- Durchführung bei Modulen, Systemen, A-Teilen und ausgewählten B-Teilen
- bessere Kenntnis des Lieferanten und seiner Leistungsfähigkeit bei allen beteiligten Funktionen

Um Versorgungs- und Qualitätsrisiken frühzeitig zu erkennen, ist eine kontinuierliche Bewertung aller wichtigen Lieferanten gefordert. Sofern ein leistungsfähiges Lieferantenbewertungssystem installiert ist, sollten Einkauf, Logistik und Qualitätsmanagement (QM) diese Möglichkeit – wie in dem nachstehenden Praxisbeispiel skizziert – nutzen.

Beispiel 5.2: Kontinuierliche Bewertung der Lieferleistung
— Sicherstellung der Versorgung (Praxisbeispiel)[72]

In einem Unternehmen der Elektronikbranche werden auf der Grundlage eines standardisierten Bewertungssystems vierteljährlich oder je nach Bedarf alle Lieferanten, deren Umsatz einen vorher bestimmten Wert übersteigt, bewertet. Sofern erforderlich, werden auch weitere Lieferanten mit geringeren Umsätzen in die Bewertungssystematik einbezogen. Im Fokus stehen die qualitäts-, termin- und mengengerechte Lieferung der Teile zu einem international wettbewerbsfähigen Preis- / Leistungsverhältnis sowie die erforderliche Lieferflexibilität. Die Beurtei-

---

72) Siehe im Einzelnen Horst Hartmann / Heinrich Orths / Nina Kössel, Lieferantenbewertung – aber wie?, a. a. O., S. 77 ff.

lung führt unter Berücksichtigung weiterer Anforderungskriterien zu einer ABC-Qualifizierung der Lieferanten.

Die Lieferanten erhalten einmal jährlich – bei geringerem Handlungsbedarf auch vierteljährlich – eine Gesamtbeurteilung mit dem Hinweis, erkennbare Schwachstellen bis zu einem bestimmten Zeitpunkt abzubauen.

5.4.2.3 Lieferantenbesuche zwecks Früherkennung von Risikopotenzialen

Es stellt sich die Frage, welche Möglichkeiten dem Einkauf gegeben sind, um im Rahmen eines zielführenden Lieferanten- und Risikomanagements Risikopotenziale zu erkennen und abzuschätzen, für die auf messbare und daher vergleichbare Daten / Kennzahlen nicht oder nur in begrenztem Umfang zurückgegriffen werden kann. So sind insbesondere die lieferantenspezifischen Risiken durch ein Lieferantenaudit vor Ort aufzuspüren und deren Tragweite einzuschätzen.

Dieses sollte mit Unterstützung des Qualitätsmanagements nicht nur vor der Entscheidung für einen neuen Lieferanten erfolgen. Vielmehr sollte sich dieses zumindest bei strategisch wichtigen Lieferanten im jährlichen Rhythmus wiederholen. Dabei treten Einkauf und Qualitätsmanagement – evtl. ergänzt durch weitere Abteilungen (z. B. Produktion und Logistik) – als Team auf, um gemeinsam eine möglichst objektive Einschätzung / Beurteilung der Leistungsfähigkeit des auditierten Lieferanten und der damit verbundenen Chancen und Risiken zu erreichen. Um sicherzustellen, dass Prüffragen nicht „verloren" gehen, erweist sich die Verwendung standardisierter Checklisten – wie sie im Folgenden beispielhaft dargestellt sind – in der Praxis als sinnvolles Hilfsmittel.

Prüfen Sie die Aufstellung der Unternehmensorganisation, die strategische Ausrichtung sowie individuelle Managementerfahrungen des Lieferanten – auch unter der Berücksichtigung folgender Fragestellungen:

- ▶ Nachvollziehbarkeit langfristiger Unternehmenskonzeption und Strategie
- ▶ Erfahrung, Führungs- und Steuerungsqualität
- ▶ Führungsstil / Teamarbeit
- ▶ Mitarbeiterqualifikation
- ▶ Personalentwicklungsplan
- ▶ Qualität des Controllings und Informationsverhalten
- ▶ Visionen, „das" Besondere

Checkliste 5.1: Prüffragen zum Management und zur Organisation

Prüfen Sie die Positionierung des Lieferanten-Unternehmens im Markt, den Zustand und die Entwicklung der Branche. Gehen Sie dabei u. a. auch auf folgende Punkte ein:

- ▶ Qualität des Produktangebotes
- ▶ Vertriebsstärke
- ▶ Marktbedeutung / Konkurrenz
- ▶ Abhängigkeiten
    - von den Kunden
    - von Lieferanten
- ▶ Maschinenpark
- ▶ Produktionsverfahren
- ▶ Branchenaussichten
- ▶ Standort

Checkliste 5.2: Prüffragen zur Marktstellung und zum wirtschaftlichen Umfeld

> Wie stark ist die Finanzkraft des Unternehmens?
> Wie steht es um deren Nachhaltigkeit und die finanzielle Flexibilität?
> Stehen diese im Einklang mit der Strategie des Unternehmens?
> Welche finanziellen Reserven bestehen?

- ▶ Haftende Eigenkapitalquote
- ▶ Gesamtkapitalrentabilität
- ▶ Brutto-Cash-Flow im Verhältnis zu den Nettoverbindlichkeiten
- ▶ Liquiditäts- / Finanzstruktur
- ▶ Umsatz- / Betriebsleistungsentwicklung
- ▶ Brutto-Cash-Flow im Verhältnis zum Umsatz / zur Betriebsleistung
- ▶ Entwicklung seit zuletzt vorgelegtem Jahresabschluss

Checkliste 5.3: Prüffragen zur Finanzkraft und wirtschaftlichen Situationen

5.4.2.4 Firmenauskunft der Creditreform

Die Möglichkeit, zur Einschätzung des Bonitätsrisikos auf Firmenauskünfte zurückzugreifen, sollte nicht ungenutzt bleiben. Allerdings bleibt zu bedenken, dass den Auskünften Angaben der betreffenden Unternehmen / Lieferanten zugrunde liegen. Daher sind diese mit besonderer Vorsicht zu interpretieren und durch eigenständige Ermittlung und Analyse von Bilanzkennzahlen zu ergänzen.

Als Beispiel für Firmenauskünfte soll der Aufbau und die Struktur der Creditreform an dieser Stelle wiedergegeben werden. Dabei ist das Bonitätsrisiko wesentlicher Bestandteil der Firmenauskunft der Creditreform.

Wie Abbildung 5.5 veranschaulicht, fließen insgesamt 15 Merkmale in die Beurteilung ein. Deren Ausprägungen können mit 1 (sehr gut) bis 6 (sehr schlecht) bewertet werden. Anschließend werden die Ausprägungen mit einem festgelegten Gewichtungsfaktor multipliziert und summiert. Sie ergeben den Bonitätsindex.

Rechtsform	GmbH
Branche	Elektronik-Großhandel
Unternehmensalter	12 Jahre
Unternehmensentwicklung	konstant (Klasse 3)
Auftragslage	zufriedenstellend (Klasse 3)
Zahlungsweise	vereinbarungsgemäß (Klasse 2)
Krediturteil	Verbindung zulässig (Klasse 2)

Risikofaktoren	Gewichtung	Bewertung mal Gewichtungsfaktor					
	%	1	2	3	4	5	6
Zahlungsweise	20		40				
Krediturteil	25		50				
Unternehmensentwicklung	8			24			
Auftragslage	7			21			
Rechtsform	4				16		
Branche	4		8				
Unternehmensalter	4		8				
Umsatz	2			6			
Umsatz / Mitarbeiter	4			12			
Mitarbeiter-Anzahl	2		4				
Eigenkapital	4		8				
Kapitalumschlag	4		8				
Zahlungsverhalten des Unternehmens	4		8				
Zahlungsverhalten des Kunden	4		8				
Gesellschafterstruktur	4		8				
Summe	100	0	150	63	16	0	0
Bonitätsindex	229						

Abbildung 5.5: Firmenauskunft der Creditreform – Zusammensetzung des Bonitätsindex

Die Einstufung bzw. Klassifizierung der Unternehmen erfolgt auf der Grundlage nachstehender Schwellenwerte:

1 Sehr gute Bonität
Bonitätsindex 100 - 149

2 Gute Bonität
Bonitätsindex 150 - 200

3+ Zufriedenstellende Bonität
Bonitätsindex 201 - 250

3 Mittlere (durchschnittliche Bonität)
Bonitätsindex 251 - 300

3- Schwache Bonität
Bonitätsindex 301 - 350

4 Sehr schwache Bonität
Bonitätsindex 351 - 499

5 Massive Zahlungsverzüge
Bonitätsindex 500

6 Harte Negativmerkmale
Bonitätsindex 600

Quelle: www.creditreform.de

5.4.3 Jahresabschluss-Assessment: Kennzahlengesteuerte Bilanzanalyse im Überblick

Ziel der Analyse von Bilanzkennzahlen ist es, im Vorfeld von Maßnahmen und Strategien Indikatoren zur operativ-strategischen Leistungsfähigkeit der Lieferanten zu gewinnen sowie Risiken insbesondere einer drohenden Insolvenz frühzeitig zu erkennen. Darüber hinaus ist die Möglichkeit einer Risikoüberwachung auf der Basis jährlich oder möglichst unterjährig ermittelter Bilanzkennzahlen gegeben. Dabei soll die nachfolgende Darstellung sich an den Informationsbedürfnissen der Einkäufer orientieren und sich daher auf entscheidungsrelevante Risikoindikatoren konzentrieren.

5.4.3.1 Unternehmensbilanz und Gewinn- und Verlustrechnung

Die Ermittlung von Bilanzkennzahlen erfolgt auf der Grundlage der Unternehmensbilanz und der Gewinn- und Verlustrechnung. Diese sind in ihrer Grundstruktur in den Abbildungen 5.6 und 5.7 wiedergegeben. Dabei ist zu beachten:

→ Die Bilanz ist eine Stichtagsbetrachtung
- Aussagen sind gültig für den Stichtag
- Keine Ganzjahresbetrachtung
- Entwicklungen / Tendenzen erkennbar im Jahresvergleich

→ Die Gewinn- und Verlustrechnung ist eine Periodenbetrachtung, die alle Geschäftsvorfälle erfasst, die in einer Periode zu
- Aufwendungen und
- Erträgen geführt haben.

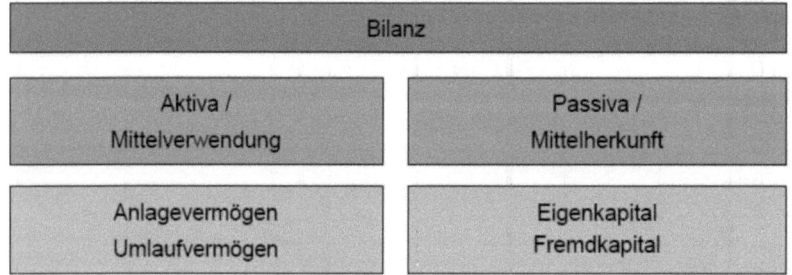

Abbildung 5.6: Grundstruktur einer Unternehmensbilanz

Das Anlagevermögen ist langfristig (mehrjährig im Betrieb) gebunden. Dazu zählen:

- Grundstücke
- Gebäude
- Maschinen
- Einrichtungen

Das Umlaufvermögen (unterjährige Bindung) besteht aus:

- Vorräten (Lagerbeständen)
- Forderungen an Kunden
- Sonstigen Forderungen
- Flüssigen Mitteln (Bank)

Das Fremdkapital besteht aus zwei Teilen:

- Langfristiges Fremdkapital (Darlehen mit Laufzeit über 1 Jahr)
- Kurzfristiges Fremdkapital
    - Verbindlichkeiten gegenüber Lieferanten
    - Kontokorrentkredite
    - Rückstellungen (z. B. für Steuerschulden)

Eigenkapital = Aktiva ./. Schulden (Fremdkapital)

Für die Gewinn- und Verlustrechnung können wahlweise zwei Ermittlungsverfahren angewendet werden, die in Abbildung 5.7 berücksichtigt sind.

Gewinn- und Verlustrechnung im Überblick	
Umsatzkostenverfahren	Gesamtkostenverfahren
Umsatzerlöse	**Umsatzerlöse**
- Herstellkosten	+ / - Bestandsveränderungen
= Bruttoergebnis	+ Aktivierte Einstellungen
+ sonstige betriebliche Erträge	+ sonstige betriebliche Erträge
- Vertriebskosten	- Materialaufwand
- Verwaltungskosten	- Personalaufwand
- sonstiger betrieblicher Aufwand	- sonstiger betrieblicher Aufwand
= Betriebserfolg	**= Betriebserfolg**

+ Erträge aus Beteiligungen
+ Zinsen, Wertpapier- u. ä. Erträge
+ Erträge aus Abgang u. Zuschreibung zu Finanzanlagen
- Aufwendungen aus Beteiligungen
- Abschreibung auf sonst. Finanzanlagen u. Wertpapiere
- Zinsen und ähnliche Aufwendungen

= Finanzerfolg

= Ergebnis der gewöhnlichen Geschäftstätigkeit

+ / - Außerordentliche Erträge / Aufwendungen

= Außerordentliches Ergebnis

- Steuern von Einkommen und vom Ertrag

= Jahresüberschuss / Jahresfehlbetrag

+ / - Auflösung / Zuweisung von Rücklagen

+ / - Gewinnvortrag (Verlustvortrag)

= Bilanzgewinn (Bilanzverlust)

Abbildung 5.7: Gewinn- und Verlustrechnung im Überblick

5.4.3.2 Ermittlung und Analyse von Bilanzkennzahlen

Was ist zu beachten?

- Kennzahlen sind genau zu definieren; Veränderung der Datenbasis ist zu vermeiden.
- Kennzahlen sind in periodisch gleichen Abständen zu ermitteln.

- Kennzahlen sind nicht monokausal zu interpretieren.
- Kennzahlen sind nicht isoliert zu beachten.
- Der Kennzahlenvergleich über mehrere Perioden und / oder mit der Entwicklung der Branche signalisiert die Stärken und Schwächen des Unternehmens.
- Kennzahlen bieten auf der Basis eines Soll-Ist-Vergleiches (unterjährig) die konkrete Möglichkeit zur zielorientierten Steuerung des Unternehmens.

Um einen „Kennzahlen-Friedhof" zu vermeiden, werden in der nachfolgenden Darstellung im Wesentlichen nur die gebräuchlichsten und aussagekräftigsten Kennzahlen aufgelistet und kurz erläutert. Dabei handelt es sich um

1. Finanzkennzahlen
2. Investitionskennzahlen
3. Kennzahlen zur Anlagendeckung
4. Liquiditätskennzahlen
5. Erfolgskennzahlen
6. Kennzahlen zur Schuldentilgungsdauer

Auf der Basis dieser Kennzahlen kann der Einkäufer die wichtigsten Risikobereiche abdecken.

Sofern der Einkäufer auf einen veröffentlichten Jahresabschluss nicht zurückgreifen kann und der Lieferant ihm diesen auch vorenthält, sollte er auf der Grundlage betriebswirtschaftlichen Fachwissens seinen Gesprächspartner gezielt um detaillierte Angaben zu einzelnen Kennzahlenbereichen bitten.

Geradezu provokant muss es wirken, wenn er selbst mit Kennzahlen zu seinem Unternehmen aufwarten kann und mit diesen den Lieferanten konfrontiert!

5.4.3.2.1 Finanzkennzahlen

Kapitalstruktur / Mittelherkunft
(1 a)

$$\text{Grad der finanziellen Unabhängigkeit} = \frac{\text{Eigenkapital}}{\text{Gesamtkapital}} \cdot 100$$

Zu beachten ist:

- Eine Eigenkapitalquote größer 30 % ist als „sehr gut" zu bewerten. (Die Eigenkapitalquote liegt im Durchschnitt aller Wirtschaftszweige in Deutschland unter 20 %!)
- Eigenkapital = gezeichnetes Kapital
  + Rücklagen
  + Gewinnvortrag / - Verlustvortrag
  + Jahresüberschuss / - Verlust
- Eigenkapital ist Haftungskapital und steht dem Unternehmen in der Regel uneingeschränkt zur Verfügung. Daher ist das Finanzrisiko umso geringer einzuschätzen je höher die Eigenkapitalquote ist.

Kapitalstruktur / Mittelherkunft
(1 b)

$$\text{Intensität des langfristigen Kapitals} = \frac{\text{Eigenkapital + langfristiges Fremdkapital}}{\text{Gesamtkapital}} \cdot 100$$

Zu beachten ist:

- Eigenkapital und langfristiges Fremdkapital sind in gewissem Umfang substituierbar.

- Der Intensitätsgrad sollte in etwa 60 % betragen.
- Fehlendes langfristiges Kapital (Eigen- und / oder Fremdkapital) muss zwangsläufig durch entsprechende Erhöhung des kurzfristigen Fremdkapitals kompensiert werden.

Kapitalstruktur / Mittelherkunft
(1 c)

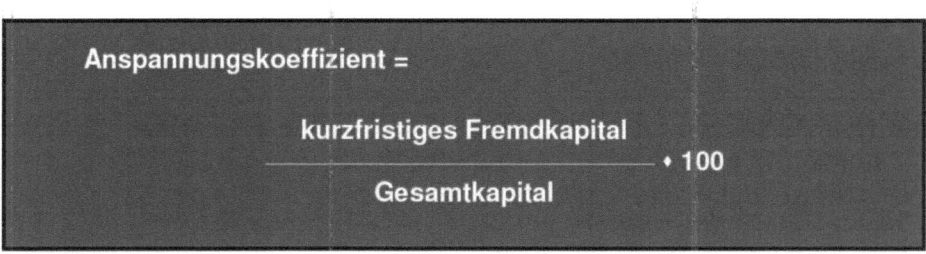

Zu beachten ist:

- Der kritische Schwellenwert liegt bei 40 %.
- Je höher der Anspannungskoeffizient,
  - desto stärker ist die Abhängigkeit von Gläubigern (Banken und Lieferanten)
  - desto höher ist das Finanzrisiko
  - desto bedrohlicher ist das Insolvenzrisiko.

5.4.3.2.2 Investitionskennzahlen

Vermögenslage / Investitionspolitik
(2 a)

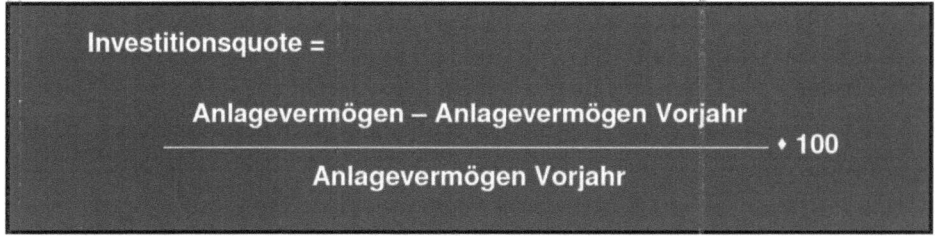

Zu beachten ist:

Die Investitionsquote gibt den Prozentsatz der Investitionen im Vergleich zum bestehenden Anlagevermögen an.

Mögliche Bedeutung hoher Investitionen:

→ Investitionen in die Erweiterung der Produktionskapazität können als ein Indiz für ein verringertes Versorgungsrisiko gewertet werden.
→ Investitionen in Gebäude und Infrastruktur ohne unmittelbare Produktivitätsauswirkung.

Bei einer negativen Investitionsquote übertraf das Anlagevermögen des Vorjahres das des laufenden Geschäftsjahres. Diese Entwicklung ist ein Indiz dafür, dass das Unternehmen nicht in der Lage war, Ersatzinvestitionen in Höhe der Abschreibungen vorzunehmen (zu finanzieren). Längerfristig führt diese Abschreibungspolitik zu einer Überalterung des Maschinenparks und damit möglicherweise zu einem erhöhten Materialrisiko (Qualitätsrisiko).

Vermögenslage / Investitionspolitik
(2 b)

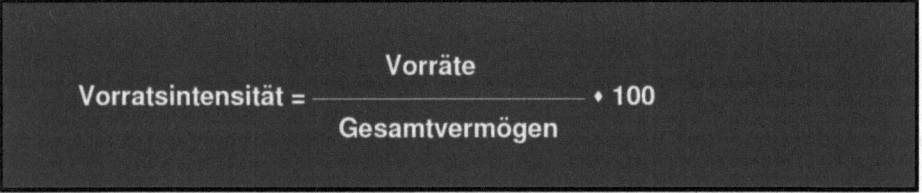

$$\text{Vorratsintensität} = \frac{\text{Vorräte}}{\text{Gesamtvermögen}} \cdot 100$$

Zu beachten ist:

- Alternativ: (Vorräte / Umsatz) • 100
- Als Vorräte kommen die Bestände an Roh-, Hilfs- und Betriebsstoffen sowie an Halbfabrikaten, Fertigerzeugnissen und Handelswaren in Betracht.
- Je höher die Vorratsintensität desto höher die Kapitalbindung („totes" Kapital!?).
- Laut Statistischem Bundesamt liegt die Vorratsintensität, gemessen an der Bilanzsumme in der verarbeitenden Industrie, bei 20 %, im Fahrzeugbau bei 13 %!

Vermögenslage / Investitionspolitik
(2 c)

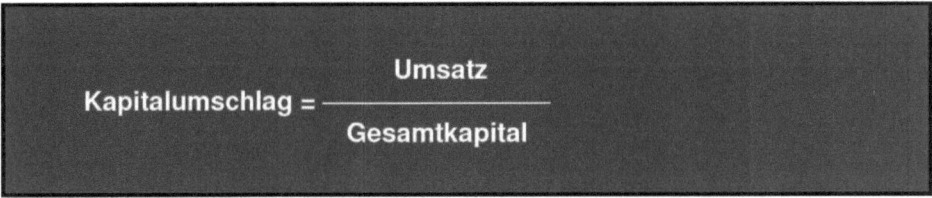

Zu beachten ist:

- Ein im Vergleich zum Vorjahr erhöhter Kapitalumschlag lässt auf
  - verbesserte Kapazitätsauslastung und / oder
  - erfolgreich betriebene Investitionspolitik schließen.
- Ein im Vergleich zum Vorjahr deutlich verringerter Kapitalumschlag ist – unabhängig davon, ob durch rückläufigen Umsatz und / oder reduzierten Kapitaleinsatz verursacht – ein Indiz für eine negative Entwicklung des Unternehmens (Lieferantenrisiko).

5.4.3.2.3 Anlagenfinanzierung / -deckung

Finanzierung der Vermögenswerte
(3 a)

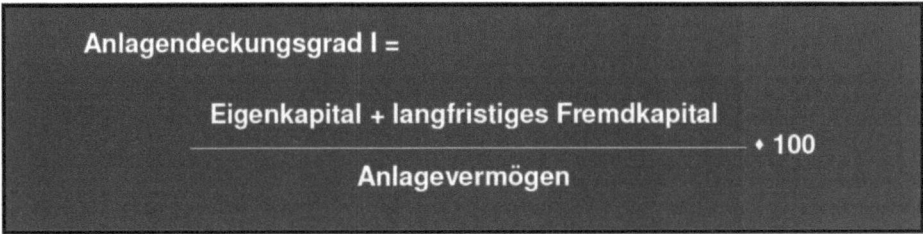

Zu beachten ist:

- Aufgrund der im Durchschnitt geringen Eigenkapitalquote ist die sogenannte „goldene Finanzierungsregel", nach der das Anlagevermögen durch Eigenkapital finanziert sein sollte, in der Praxis – zumindest in anlageintensiven Unternehmen – nicht realisierbar.
- Das Anlagevermögen sollte in jedem Fall langfristig finanziert sein, d. h. zu mindestens 100 % (Mindestdeckungsregel).

Finanzierung der Vermögenswerte
(3 b)

$$\text{Deckungsgrad der langfristig gebundenen Vermögenswerte} = \frac{\text{Eigenkapital} + \text{langfristiges Fremdkapital}}{\text{Anlagevermögen} + \text{langfristiges Umlaufvermögen}} \cdot 100$$

Zu beachten ist:

- Als langfristig gebundenes Umlaufvermögen ist ein Teil der Vorräte (z. B. Sicherheitsbestände) und der sogenannte Bodensatz der Forderungen zu betrachten. Dieser Teil ist langfristig zu finanzieren.
- Aus Gründen der Praktikabilität sollte als langfristig gebundenes Umlaufvermögen ein Monatsumsatz (1/12 des Jahresumsatzes) angesetzt werden.
- Die Einhaltung dieser Finanzierungsregel spricht für eine solide Finanzpolitik des Unternehmens.

5.4.3.2.4 Liquiditätskennzahlen

Liquidität / Zahlungsfähigkeit
(4 a)

$$\text{Liquidität 1. Grades} = \frac{\text{Flüssige Mittel (Barliquidität)}}{\text{Kurzfristiges Fremdkapital}} \cdot 100$$

Zu beachten ist:

- Flüssige Mittel = Kassenbestand
  + Bankguthaben
  + Schecks
  + Wertpapiere

- Liquiditätsgrad I beantwortet die Frage nach der Zahlungsfähigkeit eines Unternehmens. (Diese ist nicht nur durch den Bestand an flüssigen Mitteln gegeben. Die Berechnung eines Liquiditätsgrades auf dieser Basis ist daher kaum aussagefähig.)

Liquidität / Zahlungsfähigkeit
(4 b)

$$\text{Liquidität 2. Grades} = \frac{\text{Monetäre Liquidität}}{\text{Kurzfristiges Fremdkapital}} \cdot 100$$

Zu beachten ist:

- Monetäre Liquidität = flüssige Mittel
  + kurzfristige Forderungen an Kunden
  (Debitoren)
- Das kurzfristige Fremdkapital sollte zu etwa 60 % durch monetäre Liquidität abgedeckt sein.
- Ein im Vergleich zum Vorjahr deutlich höherer Liquiditätsgrad kann zurückgeführt werden auf
  - Verringerung des kurzfristigen Fremdkapitals
  - Erhöhung des Bestandes an Forderungen (Verschlechterung des Forderungsumschlages) oder
  - auf eine Kombination beider Möglichkeiten.
- Liquiditätsgrad II sollte deutlich > 100 % sein!

Liquidität / Zahlungsfähigkeit
(4 c)

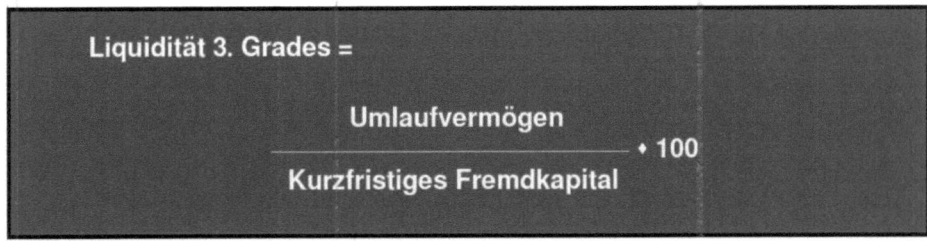

$$\text{Liquidität 3. Grades} = \frac{\text{Umlaufvermögen}}{\text{Kurzfristiges Fremdkapital}} \cdot 100$$

Zu beachten ist:

- Umlaufvermögen = flüssige Mittel
  + Forderungen
  + Vorräte
- Liquiditätsgrad III weist auf die finanzielle Mobilität eines Unternehmens hin.
- Liquiditätsgrad III ist im Ergebnis gleich zu setzen mit der Kennzahl Working Capital, die wie folgt zu berechnen ist:
  Umlaufvermögen
  - Kurzfristiges Fremdkapital
- Ein deutlich negatives Working Capital, das einem Liquiditätsgrad III deutlich < 100 % entspricht, ist ein Indiz für unsolide Finanzpolitik und schließt Liquiditätsengpässe und möglicherweise Insolvenz des Unternehmens nicht aus.

5.4.3.2.5 Erfolgskennzahlen

Ertragslage / Produktivität
(5 a)

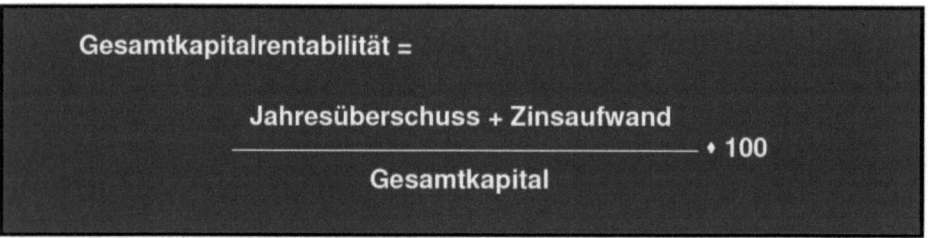

$$\text{Gesamtkapitalrentabilität} = \frac{\text{Jahresüberschuss} + \text{Zinsaufwand}}{\text{Gesamtkapital}} * 100$$

Zu beachten ist:

- Die Gesamtkapitalrentabilität ist wie folgt zu beurteilen:
  - Sehr gut (1) > 15 %
  - Mittel > 8 %
  - Schlecht < 6 %
- Die Eigenkapitalrentabilität ist u. a. beeinflussbar durch eine Veränderung der Eigenkapitalquote und damit nicht uneingeschränkt Beurteilungsmaßstab für die Ertragslage eines Unternehmens.

Ertragslage / Produktivität
(5 b)

$$\text{Umsatzrentabilität} = \frac{\text{Cash-Flow}}{\text{Umsatz}} \cdot 100$$

Zu beachten ist:

- Der Cash-Flow ist wie folgt zu ermitteln:
  - Betriebsergebnis
    + planmäßige Abschreibungen auf Anlagen
- Diese einfache Cash-Flow-Berechnung kann ergänzt werden durch:
  + Zuführung von Rücklagen
  - Auflösung von Rücklagen
  + Zuführung langfristiger Rückstellungen
  - Auflösung langfristiger Rückstellungen
- Der Cash-Flow ist in seiner Höhe ein Indiz für die Ertragskraft und somit für die finanzielle Leistungsfähigkeit eines Unternehmens.
- Für die Bewertung der erzielten Cash-Flow-Rendite kann die Bewertungsskala in etwa wie folgt festgeschrieben werden:
  - Sehr gut   >   10 %
  - Mittel   >   6 %
  - Schlecht   <   6 %
- Ein niedriger (schlechter) Cash-Flow weist auf Risikopotenziale hin.
- Gründe für einen niedrigen (schlechten) Cash-Flow können sein:
  - Geringe Margenstärke der Produkte
  - Geringe Investitionsaktivitäten (niedrige Abschreibungen)
- (Anstelle des Cash-Flow kann auch – wie in der Praxis anzutreffen – das Betriebsergebnis in Relation zum Umsatz gesetzt werden.)

5.4.3.2.6 Kennzahlen zur Schuldentilgungsdauer

(6 a)

$$\text{Schuldentilgungsdauer in Jahren} = \frac{\text{Fremdkapital} - \text{flüssige Mittel}}{\text{Cash-Flow}} \cdot 100$$

Zu beachten ist:

- Fremdkapital = Langfristiges + Kurzfristiges Fremdkapital = Bruttoverschuldung
- Bruttoverschuldung – flüssige Mittel = Nettoverschuldung
- Nettoverschuldung und Cash-Flow werden als konstant angenommen, d. h. es wird unterstellt, dass während der Tilgungslaufzeit keine Neuverschuldung erfolgt und der Cash-Flow unverändert bleibt.
- Eine Schuldentilgungsdauer von < 3 Jahren kann als „sehr gut" eingestuft werden.
- Je länger die Schuldentilgungsdauer (z. B. größer 6 Jahre), desto höher das Finanzrisiko.

5.5 Fallstudie: Risikopotenzialanalyse auf der Basis von Bilanzkennzahlen – Früherkennung von Risikoindikatoren (Praxisbeispiel)

Mit der Dreyer KG, die in einem hart umkämpften Markt angesiedelt ist, haben Sie erstmalig im zurückliegenden Geschäftsjahr Lieferbeziehungen angeknüpft. Die Firma erweist sich als ausgesprochen zuverlässig und ist in der Lage, auf massive Volumensteigerungen flexibel zu reagieren. Sie landete bei der alljährlich durchgeführten Lieferantenbewertung unter den 10 „Top-Lieferanten".

Sie beabsichtigen nunmehr den Abschluss eines Rahmenvertrages mit einer Laufzeit von drei Jahren und planen gleichzeitig, den Lieferanteil der Dreyer KG von 20 % auf 60 % ihres Jahresbedarfs zu erhöhen. Um eine abschließende Risikoeinschätzung vorzunehmen, ermitteln und analysieren Sie für die beiden letzten Geschäftsjahre entscheidungsrelevante Kennzahlen auf der Basis des Ihnen vertraulich überlassenen Jahresabschlusses.

Ihrem Informationsstand zufolge hat die Dreyer KG in erheblichem Umfang Modernisierungs- und Erweiterungsinvestitionen durchgeführt. (Die Dreyer KG muss ihre Jahresabschlüsse nicht veröffentlichen, da es sich bei einer KG [Kommanditgesellschaft] um eine Personengesellschaft handelt.)

In diesem Zusammenhang konzentrieren Sie sich auf die Beantwortung folgender Fragestellungen.

(1) Ist die Kapitalausstattung als solide zu beurteilen?
(2) Wie ist die Vermögenslage / Investitionspolitik einzuschätzen?
(3) Wie sind die Vermögenswerte finanziert?
(4) Wie ist die Liquiditätssituation einzuschätzen?
(5) Wie ist es um die Ertragslage bestellt?
(6) Ist die Schuldentilgungsdauer überschaubar?
(7) Welche besonderen Risiken sind erkennbar (z. B. Bemessung der Rückstellungen für Steuerschulden)?

Bilanz	31. Dez im Jahr X TEUR	31. Dez im Jahr X+1 TEUR
AKTIVA		
Grundstücke und Gebäude	800	1.800
Maschinen und Gesch. - Ausst.	800	3.400
Rohstoffe	600	1.400
Halbfertigteile, Fertigwaren	1.100	3.200
Forderungen	600	3.000
Kasse, Postscheck, Banken	100	200
Bilanzsumme	4.000	13.000
PASSIVA		
Eigenkapital	1.400	3.600
Langfristige Kredite	600	1.400
Kurzfristige Rückstellungen	400	800
Kurzfristige Verbindlichkeiten	800	3.200
Kurzfristige Kredite, Akzepte	800	4.000
Bilanzsumme	4.000	13.000
Zahlen der G + V (auszugsweise)		
Umsatzerlöse	4.800	20.000
Gewinn	480	2.600
Abschreibungen (auf Anlagen)	90	680
Zinsaufwand	120	480

Kennzahlenermittlung

			X	X + 1
Kapitalstruktur				
1a)	Eigenkapitalquote	$\dfrac{EG}{KG}$	$\dfrac{1400}{4000}$ = 35 %	$\dfrac{3600}{13000}$ = 27,7 %
1b)	Intensität des langfristigen Kapitals	$\dfrac{EK + lgfr.\ FK}{GK}$	$\dfrac{1400+600}{4000}$ = 50 %	$\dfrac{3600+1400}{13000}$ = 38,5 %
1c)	Anspannungskoeffizient	$\dfrac{Kurzfr.\ FK}{GK}$	$\dfrac{2000}{4000}$ = 50 %	$\dfrac{8000}{13000}$ = 61,5 %
Vermögenslage				
2a)	Kennzeichnung durch Investitionsquote	$\dfrac{AV - AV\ Vorjahr}{AV\ Vorjahr}$	-	$\dfrac{5200 - 1600}{1600}$ = 22,5 %
2b)	Vorratsintensität	$\dfrac{Vorräte}{GK}$	$\dfrac{600 + 1100}{4000}$ = 42,5 %	$\dfrac{1400 + 3200}{13000}$ = 35,38 %
2c)	Kapitalumschlag	$\dfrac{Umsatz}{GK}$	$\dfrac{4800}{4000}$ = 1,2	$\dfrac{20000}{13000}$ = 1,54
Finanzierung der Vermögenswerte				
3a)	Anlagendeckungsgrad I	$\dfrac{EK + lgfr.\ FK}{AV}$	$\dfrac{1400 + 600}{1600}$ = 125 %	$\dfrac{3600 + 1400}{5200}$ = 96,2 %
3b)	Deckungsgrad der langfristig gebundenen Vermögenswerte	$\dfrac{EK + lgfr.\ FK}{AV + lgfr.\ UV}$	$\dfrac{1400 + 600}{1600 + (4800 / 12)}$ = 100 %	$\dfrac{3600 + 1400}{5200 + (20000 / 12)}$ = 72,8 %
Liquiditätskennzahlen				
4a)	Liquidität 1. Grades	$\dfrac{Liquid.\ 1.\ Ordnung}{FK}$	$\dfrac{100}{2000}$ = 5,0 %	$\dfrac{200}{8000}$ = 2,5 %

			X	X + 1
4b)	Liquidität 2. Grades	Monetär. UV / kurzfr. FK		
4c)	Working Capital	UV / kurzfr. FK	2400 / 2000 = 120 %	7800 / 8000 = 97,5 %
		UV − kurzfr. FK	2400 − 2000 = +400	7800 − 8000 = − 200
Ertragslage				
5a)	Gesamtkapital-rentabilität	(Jahresüberschuss + Zinsaufwand) / Gesamtkapital	(480 + 120) / 4000 = 15,0 %	(2600 + 480) / 13000 = 23,69 %
5b)	Umsatzrentabilität	Cash-Flow / Umsatz	(480 + 90) / 4800 = 11,9 %	(2600 + 680) / 20000 = 16,4 %
6a)	Schuldentilgungs-dauer	Nettoverschuldung / Cash-Flow	(2600 − 100) / (480 + 90) = 4,4	(9400 − 200) / (2600 + 680) = 2,8

Auswertung

1) Kapitalstruktur EK: GK und die Intensität des langfristigen Kapitals haben sich verschlechtert. Die kurzfristige Verschuldung hat erheblich zugenommen. (Der kritische Schwellenwert war bereits im Jahre x erreicht und wurde im Folgejahr in erheblichem Umfang überschritten. Das Finanzierungsrisiko ist deshalb als besonders kritisch einzustufen.)

2) Die Investitionspolitik ist als erfolgreich zu beurteilen, da der Kapitalumschlag gestiegen und die Ertragskraft des Unternehmens erheblich angewachsen ist.

3) Das Anlagevermögen ist durch EK und langfristige Kredite nicht mehr hundertprozentig abgedeckt. Die zusätzliche Kapitalbindung im Umlaufvermögen ist finanziell nicht genügend abgesichert, da ausschließlich kurzfristig finanziert. Die expansive Investitionspolitik wurde von einer unsoliden Finanzierungspolitik begleitet!

4) Die Liquidität hat sich verschlechtert. Die Liquidität 3. Grades ist aufgrund der unsoliden Finanzierungspolitik unter 100 % gefallen, das Working Capital wurde negativ. Es ist damit nicht nur das gesamte Umlaufvermögen, sondern auch ein Teil des Anlagevermögens kurzfristig fremdfinanziert.

5) Die Ertragskraft des Unternehmens hat sich wesentlich verbessert, so dass die Investitionspolitik auch aus dieser Sicht als erfolgreich zu beurteilen ist.

6) Die Schuldentilgungsdauer ist als „sehr gut" zu beurteilen. Sie reduzierte sich aufgrund des enormen Ertragszuwachses im abgeschlossenen Geschäftsjahr im Vergleich zum Vorjahr.
7) Aufgrund der enormen Gewinnsteigerung und der relativ geringen Rückstellungen ist mit erheblichen Steuernachzahlungen bei gleichzeitiger Erhöhung der Steuervorauszahlungen zu rechnen.

Empfehlungen

Vom Abschluss eines längerfristigen Rahmenvertrages ist abzuraten, da sich die Liquiditätssituation des Lieferanten äußerst angespannt darstellt. Die Eintrittswahrscheinlichkeit einer Insolvenz ist nicht auszuschließen, zumal im kommenden Jahr Steuernach- und -vorauszahlungen fällig werden.

Darüber hinaus ist die offensichtlich einseitig vertriebsorientierte Strategie des Managements existenzgefährdend. Eine aktive Risikopolitik zur finanziellen Absicherung der stark expansiven Investitionstätigkeit wurde nicht verfolgt, obwohl in der Ausgangssituation, d. h. im Geschäftsjahr x, Risikopotenziale bereits erkennbar waren. Es ist in diesem Zusammenhang unerheblich, ob und inwieweit es den Lieferanten evtl. gelingt, die Finanzierungs- und Liquiditätsprobleme durch Aufstockung des Eigenkapitals z. B. durch Aufnahme neuer Kommanditisten zu lösen.

5.6 Nachhaltiges Risikomanagement

Auf dem Weg zum Einkauf der Zukunft ist Risikomanagement einer der wichtigsten strategischen Stellhebel, die zum anvisierten Erfolg führen (können). Die Anschaffung einer IT-Lösung reicht für ein zielführendes nachhaltiges Risikomanagement nicht aus. Es müssen zunächst die strategischen und prozessualen Randbedingungen geschaffen und die Mitarbeiter/-innen der Supply Chain von der Sinnhaftigkeit eines konsequent verfolgten Risikomanagements überzeugt werden.

Gleichwohl: Risikomanagement ist kein Hexenwerk, sondern lässt sich bereits mit der Einhaltung bestimmter Regelungen umsetzen. Die Zuordnung erkannter Risiken zu mehr oder weniger potenziellen Gefahrenstufen führt meist schon zur Wahl der entsprechenden und richtigen Gegenmittel. Als mögliche Ansätze für ein strategisch orientiertes nachhaltiges Risikomanagement kommen aus Sicht des

Einkaufs und der Logistik in erster Linie die nachstehend aufgelisteten präventiven Maßnahmen in Betracht:

- Lieferantenauswahl- und Qualifizierungsprozess
- Laufende Lieferantenbewertung (Lieferanten-Assessment)
- Regelmäßiger / periodischer Einblick in die Produktions- und Qualitätsprozesse (Technologie-Assessment)
- CBD der Material- und Wertschöpfungskosten
- Umsetzung von SRM[73]
- Risikomanagement im Projekteinkauf
- Abgestimmte Warengruppenstrategien
- Erarbeitete Notfall- und Ausweichpläne
- Second Source Politik
- Kontinuierliche Bonitätsprüfung (Bilanzkennzahlen, Creditreform)
- Beobachtung und Analyse der Beschaffungsmärkte (Markt-Assessment)

Um Risiken möglichst zweifelsfrei zu erkennen und objektiv zu beurteilen gilt es, die Sensibilität der Prozessbeteiligten zu schärfen.

Ein wichtiger Schritt im Rahmen eines nachhaltigen Risikomanagements ist in der prozessualen cross-funktionalen Einbindung aller Prozessbeteiligten zu sehen. Risikomanagement kann nicht allein die Aufgabe des Einkaufs sein. Sie ist de facto eine Aufgabe der Gesamtorganisation, die in der Endstufe bis zum „Kunden im Markt" eskaliert werden muss. Nur unter dieser Voraussetzung ist sichergestellt, dass nachhaltig wirkende Entscheidungen zum ganzheitlichen Firmenwohl getroffen werden, die auf eine der folgenden Lösungen abzielt:

- Eliminierung,
- Verminderung,
- Abwälzung oder
- Akzeptanz

von Risiken.

Im Übrigen ist die Erkenntnis unumstößlich:

| Wer Erfolge anstrebt, muss Risiken in Kauf nehmen!

[73] Lieferantenmanagement ist im Sinne von SRM als Beziehungsmanagement zu verstehen und letztendlich darauf ausgerichtet, vertrauensvolle strategische Lieferpartnerschaften aufzubauen. – Siehe auch die Ausführungen unter Ziffer 4.1 sowie vom Verf., Lieferantenmanagement, a. a. O., S. 23 ff.

6. Checklisten Asien Sourcing[74]

Ziel der folgenden aufgeführten Fragen ist die Standortbestimmung des eigenen Unternehmens im Bereich Global Sourcing. Die Beantwortung der Fragen soll dem Unternehmen Hilfestellung bieten, das komplexe Thema Global Sourcing erfolgreich im eigenen Unternehmen umsetzen zu können.

Sourcing-Aktivitäten in den Emerging Markets sollten nicht dem Zufall überlassen werden –, andernfalls droht möglicherweise ein kostenträchtiger Reinfall. Das gilt nicht nur für die strategische Ausrichtung auf die Schwellenländer in Asien, sondern auch auf die in Osteuropa. Der Einsatz von Checklisten ist daher vor allem auch für den strategischen Einkauf, sofern dieser im Rahmen der Unternehmenspolitik eine Global Sourcing-Strategie verfolgt, in jedem Fall sinnvoll, um den „roten Faden" bei der Vorbereitung und Umsetzung nicht aus dem Auge zu verlieren. So heißt es doch zu Recht: Es ist leichter gesagt als getan!

6.1 Strategische Ausrichtung

JA NEIN OFFEN

1. Wird Global Sourcing aktiv im Unternehmen praktiziert und ist es Bestandteil der Unternehmensphilosophie?
2. Hat der internationale Einkauf (Global Sourcing) Bedeutung im Unternehmen?
3. Welche Produkte bieten sich zum internationalen Bezug an (Portfoliodarstellung) und ist das Einkaufsvolumen groß genug?
4. Gibt es bereits eigene Produktionsstandorte oder Vertriebsorganisationen in diesen Ländern und werden diese Quellen für den Beschaffungsbereich ausreichend genutzt?
5. Gibt es Überlegungen, mit den eigenen Produkten internationale Märkte zu erschließen?
6. Erscheint ein gemeinsames Vorgehen von Marketing / Vertrieb und Einkauf in diesen Ländern sinnvoll?

---

[74] Siehe im Einzelnen Wilfried Krokowski, Global Procurement Consulting, a. a. O.

7. Kann ein möglicher Lieferant mehr als nur Teile liefern (gemeinsame Entwicklungen, gemeinsamer Vertrieb, Joint Venture)?
8. Ist ein entsprechendes Projektteam gebildet worden und haben die übrigen Abteilungen (Produktion, Qualität, Entwicklung) die gleichen Vorgaben wie der Einkauf?
9. Stehen in der Budgetplanung entsprechende Mittel (Reisekosten, Kosten für lokale Einkaufsbüros etc.) für Global Sourcing-Aktivitäten zur Verfügung?
10. Werden die internen Verfahrensabläufe (Cash-Flow, Wareneingangskontrolle, Logistik, Lieferzeiten etc.) auf einen möglichen weltweiten Materialbezug überprüft und angeglichen?
11. Ist eine Aufteilung der Aufgabengebiete des Einkaufs in strategische und operative Aufgaben möglich oder bereits schon durchgeführt?

6.2 Einkaufsbereich   JA   NEIN   OFFEN

1. Ist die strategische Ausrichtung des Einkaufsbereiches in jüngster Zeit mit den Unternehmenszielen abgestimmt worden?
2. Liegen dem Einkauf entsprechende Informationen über internationale Beschaffungsmärkte vor?
3. Hat der Einkauf entsprechendes internationales Know-How?
4. Sind entsprechende Sprachkenntnisse bei den Mitarbeitern/-innen vorhanden?
5. Werden ausreichend Informationsträger und Vorbereitungsseminare vom Einkauf benutzt?
6. Ist der strategische Einkauf weitestgehend vom administrativen Geschäft entlastet?
7. Ist überprüft worden, welche Bereiche eventuell ausgelagert werden können, um Kapazitäten zu schaffen?
8. Ist eine entsprechende Informationstechnologie vorhanden (E-Mail, Internet etc.)?

9. Sind Kenntnisse über internationales Vertragsrecht vorhanden?
10. Sind entsprechende Werkzeuge (z. B. TOCO-Modell, Datenbank für Länder- und Lieferanteninformationen) für den strategischen Einkauf installiert worden?
11. Liegen entsprechende Kostenstrukturen über die Produkte vor, die international angefragt werden sollen?
12. Können den Lieferanten realistische Preisvorgaben (Price Targets) mitgeteilt werden?

6.3 Zusammenarbeit mit den Lieferanten   JA   NEIN   OFFEN

1. Ist bekannt, welche Formen der Zusammenarbeit mit internationalen Lieferanten angestrebt werden können?
2. Ist die Geschäftsführung bereit, die Lieferantenkontakte im Ausland zu pflegen und auszubauen?
3. Sind Musterbriefe und Standardprotokolle in englischer Sprache vorhanden?
4. Gibt es ein abgestimmtes Anforderungsportfolio für die Lieferantenauswahl (Supplier Checkliste / Supplier Audit Form)?
5. Sind bei der Lieferantenauswahl alle beteiligten Stellen als Team eingebunden oder arbeitet jede Abteilung für sich?
6. Gibt es einen abgestimmten Plan, wie die Lieferantenbetreuung aussieht?
7. Ist der Lieferant über die mögliche Einbeziehung externer Dienstleister (Einkaufsbüros, Qualitätshäuser) informiert?
8. Kann der Lieferant in die Kommunikationstechnologie (E-Mail, Internet etc.) des Unternehmens eingebunden werden?
9. Kann mit dem Lieferanten eine Open Book Policy betrieben werden?

6.4 Vor der Anfrage abzuklären   JA   NEIN   OFFEN

Nicht alle Teile eignen sich für eine Global Sourcing Betrachtung. Daher erscheint es zunächst sinnvoll, eine Analyse des vorhandenen Einkaufsspektrums vorzunehmen. Es empfiehlt sich hierfür die Erstellung einer Portfolio-Analyse.

1. Eignet sich das angefragte Teil für den internationalen Einkauf?
   - Anteil Lohn / Material / Gemeinkosten
   - Ausreichende Stückzahlen / Einkaufsvolumen
   - Stabiles Design
2. Sind entsprechende englische Zeichnungs- und Spezifikationssätze vorhanden?
3. Können der Anfrage Musterteile beigelegt werden?
4. Sind die zu berücksichtigenden Länderregionen ausgewählt / festgelegt?
5. Können Einkaufsbüros (IPOs) eingeschaltet werden und welche Kostensätze fallen für diese Dienstleistungen an?
6. Sind alle beteiligten Stellen im Entscheidungsprozess mit einbezogen?
7. Ist mit der Entwicklungs- bzw. Qualitätsabteilung abgesprochen, dass evtl. alternative Materialien freigegeben werden müssen?
8. Sind entsprechende Qualitätsvorgaben in englischer Sprache erstellt worden?
9. Sind mit der Hausbank / Finanzabteilung die neuen möglichen Zahlungsmodalitäten und die Absicherung des Währungsrisikos abgesprochen worden?
10. Besteht eine entsprechende Importabteilung im Hause oder sind entsprechende Vereinbarungen mit externen Logistikdienstleistern getroffen worden?
11. Ist ein internationaler Kaufvertrag erstellt worden?

12. Sind die Incoterms bekannt und entsprechend in den Anfrageunterlagen aufgeführt?
13. Ist mit der internen Poststelle der Versand der Anfragedokumente per Kurierservice (nicht normaler Postversand) abgesprochen worden?

6.5 Laufende Geschäftsbeziehung mit internationalen Lieferanten

JA NEIN OFFEN

1. Ist ein internationaler Kaufvertrag oder Werkzeugvertrag notwendig?
2. Ist mit dem Lieferanten eine individuelle Qualitätsvereinbarung abzuschließen?
3. Werden externe Dienstleister (Qualitätskontrolle, Auftragsverfolgung, Verschiffungsfreigabe) mit einbezogen?
4. Können die Zahlungsmodalitäten optimiert werden (Kauf gegen Rechnung statt L/C)?
5. Ist der Lieferant bereit, regelmäßige Order Status Reports zu erstellen?
6. Ist die Garantieabwicklung festgelegt?
7. Ist die Logistik optimal auf den neuen Warenfluss angepasst worden?
8. Ist der richtige Logistikpartner ausgewählt worden?
9. Besteht die Möglichkeit, das Internet verstärkt als Kommunikationsmedium einzubinden?

6.6 Kaufverträge

JA NEIN OFFEN

Beim internationalen Kaufvertrag sollten vor Verhandlungsbeginn folgende Punkte abgeklärt sein:

- Präambel festlegen
- Genaue Beschreibung des Kaufgegenstandes
- Festlegung des Kaufpreises
- Zahlungsbedingungen
- Eigentumsübertragung
- Liefertermine

- Vertragsstrafe bei Terminverzug
- Transport und Versicherung
- Gefahrtragung
- Haftung / Gewährleistung
- Auftragsabwicklung
- Anzuwendendes Recht
- Erfüllungsort
- Gerichtsstand
- Vertraulichkeitserklärung
- Währungsschwankungen

Kontaktadresse:

Global Procurement Service   Tel.: +49 (4641) 986 1516
Wilfried Krokowski – Managing Director   Fax: +49 (4641) 986 1517
Osterholz 2   eMail: germany@gps-logistics.com
D-24888 Loit   Internet: www.gps-logistics.com

Literaturverzeichnis

Baumgarten, Helmut / Krokowski, Wilfried: TRENDS AND STRATEGIES IN INTERNATIONAL PROCUREMENT – A Comparison between Asia and Europe, Hamburg 2004

Blome, Constantin: Innovationsbeschaffung: Die zehn Gebote: Von Anfang an dabei, in: Beschaffung Aktuell, Nr. 9, Leinfelden 2011

Deutsche Bundesbank Eurosystem: „Verhältniszahlen aus Jahresabschlüssen deutscher Unternehmen von 2010 bis 2011 – vorläufig", Frankfurt am Main, Mai 2013

Essig, Michael: Risiken rechtzeitig entdecken, in: Beschaffung aktuell, Leinfelden-Echterdingen, Februar 2013

Frisch, Alexander, Stellhebel 5: Risikomanagement, Stellhebel 6: Lebenszyklus-Kostenmodell, in: Beschaffung aktuell, Nr. 6, Leinfelden, 2017

Hartmann, Horst / Orths, Heinrich / Kössel, Nina: Lieferantenbewertung – aber wie?, 6. Auflage, Gernsbach 2017

Hartmann, Horst / u. a: Optimierung der Einkaufsorganisation, 2. Auflage, Gernsbach 2002

Hartmann, Horst: Bestandsmanagement und -controlling – Optimierungsstrategien mit Beispielen aus der Praxis, 3. Auflage, Gernsbach 2017

Hartmann, Horst: Lieferantenmanagement – Gestaltungsfelder – Methoden – Instrumente, 3. Auflage, Gernsbach 2015

Hartmann, Horst: Materialwirtschaft: Organisation – Planung – Durchführung – Kontrolle, 9. Auflage, Gernsbach 2005

Hartmann, Horst: Wie kalkuliert Ihr Lieferant? – Ratgeber für erfolgreiche Preisverhandlung im Einkauf, 3. Auflage, Gernsbach 2015

Hülsbömer, Doris, Liefertreue beginnt in der Lieferkette, in: BIP, Leinfelden, Januar 2017

Kerkhoff, Gerd / u. a.: Einkaufsagenda 2020 – Beschaffung in der Zukunft, Weinheim 2010

Kerkhoff, Gerd / Penning, Stephan: Personal im Einkauf – Der strategische Faktor Personal im Einkauf, Weinheim 2010

Krawat, Peter: Aktives Lieferantenmanagement schafft gemeinsame Erfolge, in: Beschaffung aktuell, Leinfelden, Oktober 2006

Krokowski, Wilfried / Regula, Sven: Internationales Vertragsmanagement – Risikominimierung durch optimale Vertragsgestaltung in Einkauf und Logistik, Gernsbach 2012

Krokowski, Wilfried / Sander, Ernst: Global Sourcing und Qualitätsmanagement – Strategien in der internationalen Beschaffung, Gernsbach 2009

Krokowski, Wilfried: Global Procurement Consulting, Beschaffungsmarkt China, Hann. Münden, o. J.

Lasch, Reiner: Nachhaltigkeit auch bei Partnern fördern, in: BIP, Frankfurt 2012,Nr. 5

Meyer, Peter: Implementierung eines Frühwarnsystems, in: Beschaffung aktuell, Leinfelden, Januar 2007

Orths, Heinrich: Einkaufscontrolling als Führungsinstrument – Tipps und Tools für den Erfolg, 2. Auflage, Gernsbach 2009

Schira, Josef: Statistische Methoden der VWL und BWL, Theorie und Praxis, 2. Auflage, München 2005

Schulz-Rohde, Sabine: Industrie 4.0 und die Rolle des Einkaufs, in: Beschaffung aktuell, Nr. 6, Leinfelden 2016

Sorge, Georg: Einkauf von Dienstleistungen – Potenziale ausschöpfen – Prozesse optimieren, Gernsbach 2012

Stollenwerk, Andreas: Wertschöpfungsmanagement im Einkauf: Analyse – Strategien – Methoden – Kennzahlen, Wiesbaden 2012

Werner, Wolfgang L. / Kraus, Georg, Projektmanagement im Einkauf, Gernsbach 2008

Stichwortverzeichnis

A-Artikel 86 f.
ABC- / XYZ-Analyse 90 f.
ABC-Analyse 82, 85 ff., 92, 107, 109
ABC-Verteilung 86, 107
Abschreibung 152, 157
A-Lieferanten 117
Anlagevermögen 146, 152 f., 162
Anlaufkosten 49, 122
Anspannungskoeffizient 151
Arbeitskreise 73
Asien Sourcing 173
Aussonderungsprozess 112
Award 120
B-Artikel 86 f.
Basiskennzahlen 81
Bearbeitungszeiten 78
Bedarfsbündelung 31, 63, 66, 94, 96
Benchmarking 73, 81
s. auch Best of Class-Benchmark
Beobachtungsbereich 129
Beratung 23, 54
Beschaffungskapazität 34
Beschaffungslogistik 35 ff., 70
Beschaffungsmarktforschung 30, 83, 104
Beschaffungsprozess 37 f., 41, 87, 125
Beschaffungsrisiko 88 f.
Best of Class 83
Bestandsmanagement 19, 38, 90, 104, 110
Bestandsüberhänge 70, 76
Bestellvolumen 88, 106 f.
Betriebsergebnis 157
Bevorzugte Lieferanten 39, 109
Beziehungsmanagement 23, 31, 102, 164
Beziehungsmanager 105
Big Data Cubes 137

Bilanz 146, 21
Bilanzkennzahlen 14 f., 113, 128, 143, 145 f., 148, 158, 164
Bonität 113, 130
Bonitätsindex 139, 143 f.
Bonitätskennzahl 113
Brainstormingphase 27
Break-even-Point 121 ff.
Brutto-Einsparungsquote 55, 121
Budgetplanung 166
Buy-Entscheidungen 31
C-Artikel 87
Cash-Flow 128, 130, 157 f., 166
Change Management 25, 32, 120
s. auch Veränderungs-
   management
Checklisten 52, 139, 141, 165
China 53 ff.
C-Lieferanten 108
Collaborative Engineering 42
Consi-Lager 110
Controlling 31, 48, 50, 95, 118
Cost-Saving Program 27 ff.
s. auch Kostensenkungs-
   programm
Creditreform 128, 139, 143 ff., 164
C-Teile-Management 66, 96
Datenanalyst 33
Denkstrukturen 15
Dienstleister 12, 22, 30 ff., 37, 54 f., 64, 73, 102 f., 110, 113, 167, 169
Digitale Vernetzung 34, 70
Digitalisierung 23, 33, 67
Durchlaufzeiten 78
E-Business 104
Echtzeit 32
Eigenkapital 147, 150, 153, 163
Eigenkapitalquote 150, 153, 156
Eigenoptimierung 105, 111, 117 f., 120 f., 134
Einkaufsbüros 55 f., 167 f.

Einkaufscontrolling	38, 81	Gesamtkapital	19 f.
Einkaufsmarketing	34	Gesamtkapitalrentabilität	19 ff., 156
Einkaufspolitik	45, 51		
Einkaufsvolumen	28, 54, 91 f., 109, 115	Gesamtkostenbetrachtung	53, 55 s. auch Total Cost of Owner-ship
Einsparungspotenzial	24, 39, 56 f., 87	Gesamtrisiko	132, 138
		Geschäftsführung	25, 33, 49, 53 f., 61, 81, 109, 167
Eintrittswahrscheinlichkeit	62, 130, 133, 137 f., 163	Global Purchasing	51
Einzelbestellung	88	Global Sourcing-Aktivitäten	166
Emanzipationsstrategie	94	Global Sourcing-Strategie	51 ff., 165, 172
Emerging Markets	51, 165		
Engpassprodukte	95 f.	Haftungskapital	150
Entscheidungsprozess	118	Hebellieferanten	94
Entwicklungsfähigkeit	130	Hebelprodukte	94 ff.
Entwicklungsplan	120	Herstellkosten	40
Entwicklungsprojekt	121	Ideenmanager	31, 33
Entwicklungsprozess	39, 121, 123	Importabteilung	168
		Incoterms	169
Entwicklungsstrategie	119, 121	Industrie 4.0	33 f.
Entwicklungsteam	31, 33	Informationsaustausch	76, 104
E-Procurement	32	Informationsfluss	69
Erfolgsfaktoren	74, 104	Informationstechnologie	166
Erfolgspotenziale	30	Initial-Einkäufer	41
ERP-System	110	Initialworkshop	27
Ertragskraft	129, 157, 162	Initiativmanagement	12, 23 f., 29
Ethische Standards	56	Innovation	39, 42, 110
Excel	117	Innovationspartner	21, 23
Externer Kunde	22	Innovationstreiber	23, 34
Fehlerkultur	26	Innovative Fähigkeit	112
Festpreisgarantie	110	Innovative Ideen	24 ff.
Finanzkraft	113, 143	Insolvenz	129, 132, 134 ff., 145, 151, 156, 163
Finanzrisiko	150 f., 158		
Flexibilität	22, 70, 74, 112	Insolvenzfall	136
Flüssige Mittel	154 ff.	Insolvenzrisiko	151
Folgekosten	55 f., 139	Insolvenzverfahren	136
Fremdkapital	147, 150 f., 155 f., 158	Insolvenzverwalter	136
		Internationale Beschaffungsmärkte	166
Frühwarnsystem	50, 97, 128 f., 137	Internationale Einkaufsquote	54
		Internationale Märkte	165
Ganzheitliche Logistik	71	Internationaler Kaufvertrag	168 f.
Garantieabwicklung	169	Internes Marketing	39
Geheimhaltungsvereinbarung	46	Internet-Technologie	42
Gemeinkosten	44, 168		

Investitionsquote 152
Jahresabschluss 149, 159
Joint Venture 134, 166
Kalkulationsprogramm 117
Kapazitätsengpässe 70, 128
Kapitalstruktur 130, 150 f., 162
Kapitalumschlag 19, 21, 153
Kennzahlen 21, 37, 63, 124 f., 135, 141, 148 f., 158 f.
s. auch Basiskennzahlen
Kernkompetenz 34, 72, 110
Key Supplier 93
s. auch Schlüssellieferant
Klassifizierung 85 f., 89 f., 107, 117, 132, 145
Kleinbestellung 88, 108
Know-How 27, 59, 85, 113, 124, 140, 166
Kollaborationsmodell 42, 70, 97
Kommunikation 23, 26, 33, 48, 97, 104, 111
Kommunikationsmedium 169
Kommunikationstechnologie 67
Konsignationslagerverträge 38
Konzeptteam 41
Kooperationspartner 31, 33 f., 109
Kostenanalyse 83
Kosteneinsparungen 31, 121
Kostensenkungsprogramm 25, 27 f., 120
s. auch Cost-Saving Program
Kostenstruktur 49, 167
Kreativität 24, 27, 29, 110
Kunden-Lieferantenbeziehungen 92, 96, 104, 106
Kundenzufriedenheit 39
Lagerstrategie 110
LBM 102 f., 135
s. auch Lean Buying
Lean Buying 32, 87
Lean Management 32, 135
Lean Production 32

Leistungsfähigkeit 76, 117, 130, 140 f., 157
Lenkungsausschuss 48 f., 61
Lerneffekte 26
Lernprozess 26
Lieferantenanzahl 31, 63, 87, 105 f., 113, 124
Lieferanten-Artikel-Score 131
Lieferanten-Assessment 138, 140, 164
Lieferantenaudit 83, 111, 139, 141
Lieferantenauswahl 72, 140, 167
Lieferantenbeobachtung 83
Lieferantenbesuche 31, 141
Lieferantenbetreuung 167
Lieferantenbewertung 32, 50, 83, 104 f., 110, 113 ff., 120, 125, 130, 140, 158, 164
Lieferantenbewertungssystem 115, 124 f., 128, 140
Lieferantenbeziehungen 22, 31, 37, 52, 59, 92, 96, 98 f., 102, 104, 106, 118, 124
Lieferantenbeziehungs-
 management 102, 104, 114
s. auch Beziehungsmanagement
s. auch LBM
s. auch SRM
Lieferantencontrolling 47, 50, 118
Lieferantenentwicklung 16, 52, 54 ff., 114 f., ,117, 120 ff., 133
Lieferantenkonzentration 66
Lieferantenkooperation 66, 102, 114
Lieferantenmanagement 23, 31 f., 81, 83, 85, 102 f., 108, 118, 120, 124, 126, 128 f., 137, 164
s. auch Lieferanten-
 beziehungsmanagement
Lieferantenoptimierung 108
Lieferantenpartner 21 f., 103, 105, 109, 113
Lieferantenpolitik 103, 109, 118

Lieferantenportfolio 25, 92, 99, 104, 106
Lieferantenpotenzial 114
Lieferantenprofil 83
Lieferantenpyramide 108
Lieferantenqualifizierungs-
prozess 109 f.
Lieferantenreduzierung 38
Lieferantenrisiko 153
Lieferantenselbstauskunft 32, 110
s. auch Selbstauskunft
Lieferantenstrategien 96, 104 f., 126
Lieferkette 77
Lieferleistung 15, 139 f.
Liefernetzwerke 137
Lieferprogramm 119
Lieferqualität 137
Liquidität 19, 154 f., 162
Liquiditätsgrad 155 f.
Logistikdienstleister 134, 168
Logistikpartner 169
Long-Life-Verträge 31
Machtverhältnisse 92
Margenstruktur 116
Marketingstratege 21
Marktanalyse 52, 83
Marktpartner 74, 118
Maßnahmenplanung 63 ff., 115, 117
Materialgruppen 61, 130 ff.
Materialrisiken 139
Materialverfügbarkeit 19, 81
Meilensteinplanung 26, 59 f., 63
Messgrößen 76
Methoden 15, 25, 32, 80 ff., 90, 124
Methodenkompetenz 80, 129
Mittelherkunft 150 f.
Modularisierung 25, 66, 96
Modular-Sourcing 31
Modullieferant 25, 113
Monetäre Liquidität 155

Motivation 25, 37
Multilaterales Modell 68
Nachfragemacht 105
Nachhaltigkeit 28, 32, 39
Nahtstelle 73, 133
Netto-Einsparungsquote 55
Nettoverschuldung 158
Netzwerke 21, 37, 68
Never-Ending-Improvement 26
Niedriglohnländer 118, 122
Normstrategie 85, 93, 96
Notfallplan 132, 135
Open Book Policy 113, 167
Operativer Einkauf 48
Optimierungspotenziale 27, 72, 74
Osteuropa 51, 53, 118, 121, 140, 165
Outphasen 111, 133
Outsourcing 66
Outsourcing-Strategie 32
Out-Status 111, 117
Persönliche Beziehungen 23, 33
Portfolio-Analyse 90, 92, 95, 98, 168
Portfolio-Ansatz 97
Potenzial-Analyse 44, 54, 106
Preis- und Kostenanalyse 83
Preisführerschaft 32
Preisniveau 81
Preisverhandlungen 26, 74, 83
Price Targets 167
Produktentstehungsprozess 120
Produktentwickler 33, 41
Produktionsstörungen 22
Produktlebensdauer 32
Produktzyklus 125
Projektarbeit 26 f., 60 f.
Projekteinkauf 164
Projektkosten 78
Projektmanagement 60
Projektmeetings 78
Projektteam 31, 54, 61, 63, 65, 166

Projektziele 78
Prozessmanagement 104
Prozessmanager 21
Prozessoptimierung 32, 66, 121
Prozessorganisation 40
Prozesssicherheit 97, 111 f., 122, 130
Pufferlager 112
Qualifizierte Lieferanten 109, 111
Qualifizierungsprozess 118
Qualitätsfähigkeit 119
Qualitätsmanagement 15, 32, 109 ff., 140 f.
Qualitätsrisiken 55, 140
Qualitätsservice 111 f.
Qualitätsvereinbarung 169
Quotenaufstockung 64, 119
Quotenreduzierung 117
Reverse Kunden-Lieferanten-
 beziehung 22
s. auch Beziehungsmanagement
Reverse Marketing 24, 29
Review-Team 110 ff.
Richtlinien 103
Risikoanalyse 60, 125, 130, 132
Risikobereich 126, 131, 149
Risikohandhabung 125, 130, 132 ff.
Risikoidentifikation 125 f., 138 f.
Risikoindikatoren 124, 138, 146, 158
Risikomanagement 12, 32, 53, 124 ff., 137, 163 f.
Risikomanagementsystem 125
Risikopolitik 133 f.
Risikopotenzial 91, 122, 138 f., 141, 157, 163
Risikoüberwachung 125, 135, 137 f., 145
Schlüssellieferanten 72, 95
Schlüsselprodukte 93 f., 96
Schnittstellen 70, 72 f.
Schnittstellenmanager 21, 31, 33 f.

Schnittstellenproblematik 73
Schuldentilgungsdauer 149, 158 f., 163
Schwankungskoeffizient 89
Schwellenländer 51, 165
SCM 68 ff., 77, 79
s. auch Supply Chain
SCM-Anwendung 76 f.
SCM-Projekte 68, 74 ff.
s. auch SCM-Anwendung
Scoring-Modelle 130
Second Source 134
Second Source Politik 112, 164
Selbstauskunft 32, 110
s. Lieferantenselbstauskunft
Selektionsprozess 105, 108
Serienlieferanten 112, 140
Servicegrad 38
Single Sourcing 113
Small Data Cubes 137
Smart-Prinzip 63
Soll-Ist-Vergleich 78, 149
Sourcing-Strategien 32
Sozialkompetenz 21
SRM 12, 23, 31, 102 f., 164
s. auch LBM
s. auch Lieferantenbeziehungs-
 management
Standardisierung 47, 76, 94, 96
Stärken-Schwächen-Analyse 83, 85, 98 f., 118
s. auch SWOT-Analyse
Strategie-Beispiele 66 f.
Strategiebildung 12, 14, 60, 63, 100
Strategiediagnose 63
Strategie-Felder 67
Strategiekonzept 61, 115
Strategieentwicklung 58
Strategische Aufgaben 109
Strategische Bedeutung 32, 115 f., 118
Strategische Lieferanten 109
Strategischer Einkauf 29 f., 48

Sub-Lieferanten 116
Supplier Relationship Management-System 32, 120
Supply Chain 14, 27 ff., 31, 37, 58, 69, 72 ff., 78 f., 103, 109, 124, 163
Supply Chain Management 14, 68 f., 71 ff., 75, 77
Supply Chain Netzwerk 74
Support-Maßnahmen 55 f., 104 f., 117 f.
SWOT-Analyse 13, 49, 60, 85, 90, 98, 100, 129
Systemlieferanten 117, 119, 121
Teamarbeit 46 ff.
Technologie-Assessment 138 ff., 164
Technologieführerschaft 119
Technologie-Marketing 140
Technologien 23 f., 30, 33, 40, 42, 121, 139
Teilelieferant 121
Time Based Management 39
TOCO-Prinzip 55 f., 167 s. auch Total Cost of Ownership
Tools 32
Total Cost of Ownership 16, 31
Total Cost of Ownership-Prinzip 55, 122
Total Quality Management 39
Tragweite 26, 130, 133, 138, 141
Treibergrößen 64, 119
Umlaufvermögen 147, 154, 156, 162
Umsatzrentabilität 17 ff.
Unkritische Produkte 95 f.
Unternehmenspolitik 30, 165
Unternehmensstrategie 51 f.
Variationskoeffizient 90
Veränderungsmanagement 26
Verhaltensänderungen 102 f.
Vermeidungsstrategie 41, 56, 128
Vernetzung 32, 34, 70, 124

Verschwendung 27, 32, 70, 76
Versorgungskette 69, 102, 121
Versorgungsrisiken 54 ff., 112, 118
Vertrauen 74, 103
Vertrauensverhältnis 76
Vertriebsorganisation 165
Volumensteigerung 22, 158
Vorauswahl 32, 110 f.
Vorräte 19, 21, 128, 147, 152, 154, 156
Vorratsintensität 128, 152
Währungsrisiko 168
Wareneingangskontrolle 166
Werkzeugeigentum 112
Werkzeugkosten 136
Wertanalyse 44 ff., 85
Wertanalysemaßnahmen 24
Wertbeitrag 13, 15 f., 18 f., 22, 33, 40 ff., 81, 115
Wertkettenmanagement 102
Wertschöpfungskette 31 f., 39, 59, 69, 71, 115, 124
Wertschöpfungsmanagement 15
Wertschöpfungspartner 31, 34, 64
Wertschöpfungsprozess 68 f., 102
Wertschöpfungsstufen 68 f., 74
Wertschöpfungstiefe 39, 42
Werttreiber 31
Working Capital 128, 130, 156, 162
Workshops 78
XYZ-Analyse 85, 88, 90 f.
Zahlungsmodalitäten 168 f.
Zielvereinbarung 61, 63 f., 73, 76, 103 f., 118 f.
Zusammenarbeit 14 f., 23 f., 27, 29, 32, 38 f., 42, 44, 50, 65, 69, 72 f., 76, 93 f., 96 f., 102, 104 f., 115, 118, 120 f., 167
Zuverlässigkeit 97
360°-Sicht 32

Printed by Libri Plureos GmbH
in Hamburg, Germany